Renée Marti

OSER RÉUSSIR

Sortir des conduites d'échec

RETZ
www.editions-retz.com
1, rue du Départ
75014 PARIS

Psychologie dynamique
Collection dirigée par Edmond Marc

« On ne lit jamais un livre.
On se lit à travers les livres,
soit pour se découvrir, soit pour se contrôler. »

Romain Roland

Au docteur Jeanine Cohen, qui a bien voulu m'agréer
comme complice, et avec elle, à toute l'équipe
du Centre Médico-Psychologique
« Jacqueline Marval ».

Avertissement

Je n'ai pas pu recontacter toutes les personnes que j'évoque dans ce livre. Si vous vous reconnaissez, j'espère que vous constaterez que je parle de vous avec estime et respect, et que le nécessaire est fait pour que personne d'autre que vous-même ne puisse vous reconnaître.

L'auteur

Sommaire

Introduction

L'être humain est sans doute la seule créature qui ait ce don étrange : la capacité de se faire souffrir lui-même. En effet, qu'est-ce qu'une angoisse, une inhibition, un cauchemar, sinon une souffrance qu'une personne s'inflige à elle-même ? Qui d'autre que nous-même nous impose nos pensées, nos peurs, nos obsessions ? Quel mystérieux « moi », à l'intérieur de moi, m'interdit certaines réussites, certains bonheurs dont j'ai une telle envie ? Pourquoi ne puis-je me dire : « Bon, j'arrête de pleurer, j'arrête de me faire des idées, j'arrête d'avoir peur de broutilles, et je fais ce que j'ai à faire... » ?

Il doit bien exister de bonnes raisons pour que l'homme cultive ainsi des pensées qui lui font mal, des pensées qui font peur, des pensées qui empêchent de sortir, d'oser, de réussir ses études, de rire, d'être heureux.

À quoi ça sert d'aller mal ?

D'où la question qui préoccupe tous ceux qui cherchent, expérimentent, théorisent dans le domaine de l'aide psychologique et de la psychothérapie : à quoi cela nous sert-il de nous faire souffrir ? À quoi sert l'échec ? Si le bon sens, la volonté ou l'autorité ne suffisent pas pour venir à bout des comportements ou des pensées avec lesquels nous nous faisons échouer et souffrir, c'est qu'il y a autre chose à chercher.

Tout se passe en fait comme si un « moi » conscient, beau parleur, volontaire, se heurtait à un autre « moi », qui n'aurait pas les outils de la parole ni de la conscience, et qui, par d'autres moyens, tenterait de dire : « Ta réussite, ton plaisir, ta santé, je n'en veux pas... je veux autre chose ! Je veux que tu continues à te tromper, à rater, à être malade, à te torturer par des pensées obsédantes ! J'ai de bonnes raisons pour ça, même si je ne te les dis pas ! »

De nombreux courants de pensée psychologiques et thérapeutiques ont apporté des réflexions et des interprétations sur cette réalité. La psychanalyse a introduit les notions d'**inconscient** et de **résistance** : nous voulons une chose et nous ne la voulons pas. Une force puissante nous retient et nous empêche d'accéder à ce que nous désirons le plus. C'est à cette force que les méthodes basées sur la rééducation et le conditionnement doivent leurs limites, voire leur insuccès.

On parle aussi de **bénéfices secondaires** : l'idée est que la maladie, la souffrance, si dures soient-elles, aident à quelque chose : se faire soutenir, dispenser d'une décision difficile, se protéger de pulsions dangereuses... Notre désir d'aider, de guérir, se heurte alors à la crainte du sujet de perdre ces avantages si rudement gagnés.

Respecter l'écologie du symptôme

Or, les courants modernes de l'aide psychologique attribuent de plus en plus d'importance à ces bénéfices qu'il n'est plus question de qualifier de « secondaires ». Un nombre croissant de praticiens travaillent ainsi avec l'outil de compréhension qu'ils appellent l'**écologie**. Pour bien faire entendre cette notion, je vous propose de passer par celles d'**état présent** et d'**état désiré**.

Quand une personne vient voir un praticien de l'entretien d'aide, celui-ci l'invite à décrire ce qu'elle vit, pense, ressent, quand elle est immergée dans son problème : c'est ce qu'on appelle son **état présent**. Elle voudrait que cet état la quitte et vient demander qu'on l'en débarrasse. Nous savons qu'il ne suffit pas de savoir ce que nous ne voulons plus. Il est important d'avoir une représentation du but que nous voulons atteindre. Nous allons donc aider cette personne à définir dans quel autre état elle voudrait se trouver à la place : l'**état désiré**.

L'état présent, comme l'état désiré, sont des états internes, mélanges d'émotions, de représentations, de croyances.

Nous allons explorer successivement, avec cette personne, l'état présent, perçu comme négatif et devant être abandonné, et l'état désiré, comme un état positif à atteindre : « Dans quel état intérieur faudrait-il que vous soyez pour... passer le permis de conduire, rester calme devant une souris, sauter du plongeoir ?... À la place de cette boule d'angoisse et de tristesse, que voudriez-vous ressentir ? » Nous obtiendrons ainsi la description de l'état désiré.

État présent, état désiré

Soit en permanence, soit dans un certain type de circonstances, une personne se trouve dans un état intérieur qui ne lui convient pas, qui l'empêche de réaliser ce qu'elle voudrait faire, ou qui l'amène à faire ce qu'elle voudrait ne plus faire. C'est l'**état présent**, qualifié parfois d'**état problème**.

Questions pour décrire l'état présent

• À quelle occasion, dans quelles circonstances vous mettez-vous dans cet état ?

• Quand vous vous mettez dans cet état :

– Que voyez-vous, quelles images vous représentez-vous dans votre tête ?

– Vous dites-vous quelque chose ? Entendez-vous à l'intérieur de vous la voix de quelqu'un ? Un autre son ?

– Que ressentez-vous dans votre corps ?

– Que pensez-vous de vous, des autres, du monde, de la vie ?

– En quoi cet état est-il un problème pour vous ?

La personne voudrait accéder à un autre état, qu'elle imagine meilleur pour elle : l'**état désiré**.

Questions pour déterminer l'état désiré

• Que voudriez-vous voir, entendre, ressentir, penser, croire à la place (et non ne plus voir, ne plus entendre, etc.) ?

• Dans quelles circonstances précisément ? Si vous y réussissez, que cela vous apportera-t-il ?

• En quoi est-ce important pour vous d'accéder à cet état ?

• Cela dépend -il vraiment de vous ?

• Et si vous parveniez à cet état, cela pourrait-il présenter un risque pour vous ou pour une autre personne ?

Cette distinction entre *état présent* et *état désiré* a été mise au point par l'équipe de recherche de J. Grinder et R. Bandler, fondateurs de la programmation neuro-linguistique, la PNL (voir Bibliographie).

Nous avons appris que, pour pouvoir travailler, la description de cet état doit répondre à certains critères qui sont sous-jacents aux questions que vous trouverez dans l'encadré « État présent, État désiré » ; et c'est particulièrement l'un de ces critères que nous allons développer : l'état désiré doit **respecter une écologie**.

Quel sens donner, dans le domaine de la psychothérapie ou de l'aide psychologique, au mot « écologie », si galvaudé ? Tout simplement son sens littéral. L'écologie est l'ensemble des relations entre un organisme vivant et son environnement : les conditions de vie, de climat, de nature du terrain, et les êtres vivants qui l'entourent.

Respecter l'écologie du symptôme c'est respecter la place que celui-ci a prise et / ou qui lui a été donnée, dans l'organisation psychique de la personne – écologie interne – et dans son système social, familial, professionnel – écologie externe. C'est reconnaître ce que le symptôme porte comme désir, attente, envie de changer ou de provoquer quelque chose. C'est savoir que le symptôme le plus étonnant, le plus invalidant, a une

CROYANCES

Une croyance est ce que je crois être vrai, pense être vrai :

– Sur moi-même : « Je suis un faible, un battant, une malade... j'ai une maladie en ce moment mais, dans l'ensemble, je suis une personne bien portante... »

– Sur les autres : « Les gens sont... les femmes sont... mon mari ne comprend pas ce que je ressens... »

– Sur la vie, sur le monde en général : « La vie n'est qu'une succession de malheurs... Je vois partout des signes de l'action de la Providence... »

Nous avons tous quelques grandes croyances fondamentales et beaucoup de petites croyances. Certaines construisent notre vie et ne peuvent être reconsidérées sans de grands écroulements; d'autres sont mineures ou légères, facilement révisables. Toutes orientent notre manière de percevoir le monde, nos actions, nos joies et nos blessures.

Toute information nous parvient à travers le filtre de nos croyances. Si nous recevons une information contraire à notre croyance, nous aurons tendance à l'écarter comme fausse, ou comme une exception. C'est le cas, par exemple, des croyances racistes. Il est donc inutile d'argumenter contre une croyance.

Quand un comportement nous paraît fou ou moralement insupportable, cherchons dans quel système de croyances se situe ce comportement. À l'intérieur de ce système de croyances, la personne fait certainement ce qu'elle croit être le mieux à faire.

Dans un entretien d'aide ou de thérapie, on ne se préoccupera pas de savoir si la croyance est fondée ou non, mais si elle aide à vivre ou si elle amène la personne à limiter ses possibilités. Dans un premier temps, pour établir une relation de qualité, on acceptera de se situer à l'intérieur de la croyance de la personne. On n'affrontera pas la croyance limitante, on travaillera à l'assouplir et à la relativiser.

« intention positive » c'est-à-dire que ce qu'il cherche à provoquer est bon pour la personne, même s'il la dérange ou la fait souffrir. C'est affirmer que cette intention doit toujours être respectéee et que notre intervention doit porter sur les moyens utilisés pour s'exprimer, qui, eux, peuvent être inadéquats.

Pour explorer cette écologie, nous allons nous poser et poser au patient un certain nombre de questions du type : « À quoi sert ce symptôme ? De quoi vous protège-t-il ? Si vous parveniez à cet état que vous désirez, cela serait-il un inconvénient pour vous ou pour votre entourage ? »

Avec ce vocabulaire (ou un autre), les thérapeutes s'interrogent, plus ou moins clairement et ouvertement, sur la notion d'écologie du symptôme. C'est celle-ci que je me propose d'explorer ici, en réfléchissant sur un certain nombre de situations, en particulier sur des cas où cette interrogation a été le seul type d'intervention utilisé, et a suffi pour qu'une autre organisation psychique se mette en place, ce qui a permis la résorption du symptôme. Je voudrais en effet convaincre chacun de la puissance thérapeutique de cette simple interrogation.

Je souhaiterais aussi montrer que questionner l'écologie du symptôme peut devenir d'un usage courant pour tous ceux qui pratiquent l'entretien d'aide et de conseil... et peut-être aussi pour chacun de nous dans notre vie quotidienne ! Nous verrons en particulier comment l'habitude d'interroger des comportements, non plus en recherchant la **cause** (un *pourquoi ?* qui appelle un *parce que*), mais le but, le **« pour quoi ? »** (*pour quoi* faire, *pour quoi* obtenir, *pour* se protéger de *quoi*...), peut être riche d'enseignements dans l'éducation de nos enfants, tant en famille qu'à l'école ; comment le *pour quoi ?* est porteur de vie, de dynamisme, d'idées, alors que le *pourquoi ?* causal et son *parce que* enferment dans l'immobilité, le passé, l'irresponsabilité.

Le cheminement proposé

Cet exposé comprend trois parties :

La première partie traite des « pour quoi ? » des échecs et des conflits de notre vie quotidienne : quelle force mystérieuse nous empêche de réussir un examen, d'obtenir le permis de conduire, alors que nous croyons sincèrement en avoir envie ? Quel but poursuit un enfant qui refuse la réussite scolaire, alors que ses capacités sont largement suffisantes ? Qu'est-ce qui retient un adolescent dans sa route vers l'autonomie de l'âge adulte ? Par quel mécanisme psychique nous empêchons-nous de dormir ?

La deuxième partie aborde les souffrances et la pathologie : quels avantages trouvent certaines personnes à souffrir, à être malades, à entretenir des pensées qui leur font mal, voire à désirer mourir ?

La troisième partie est orientée vers l'entretien d'aide. Elle montre comment, en partant de la préoccupation du « pour quoi? », on peut aider des personnes, des familles, ou s'aider soi-même, à sortir de certaines impasses psychiques et relationnelles. Elle propose des éléments de méthode aux lecteurs qui pratiquent l'entretien d'aide ou de thérapie tant auprès d'individus que de couples ou de familles.

Des encadrés, tout au long du livre, précisent des notions, développent des théories, donnent des références. Les termes théoriques et techniques reconnus dans la profession sont notés en gras.

Première
Partie

Prendre le risque de la réussite

« Si quelqu'un s'empare d'une idée ancienne,
m'a fait remarquer Freud,
la développe et la fait progresser,
cela en vaut la peine. »

S. Blanton, *Journal de mon analyse avec Freud.*

CHAPITRE 1

Échouer pour préserver l'équilibre familial

« Vous voudriez connaître en paroles
ce que vous avez toujours connu en pensée. »
Khalil Gilbran, *Le Prophète.*

Nicole échoue à son examen

Nicole est une jolie femme, mariée, bien dans sa peau, heureuse mère de deux beaux préadolescents. Elle m'apparaît comme une personne équilibrée, sachant se donner des plaisirs, heureuse avec son mari, fière de ses enfants... Que lui manque-t-il ? Mère au foyer, elle voudrait maintenant aborder une vie professionnelle : elle entreprend donc une formation pour mener à bien ce nouveau projet. Elle imagine déjà sa nouvelle vie : avec le tempérament qu'elle a, si elle s'engage, ce ne sera pas à moitié...

Elle se donne les moyens de cette nouvelle ambition : elle s'inscrit à des cours, les suit avec assiduité et efficacité, se présente à un premier examen ; celui-ci est un galop d'essai, elle sait qu'elle a un niveau supérieur à ce qui sera exigé d'elle... et elle échoue.

Ce n'est pas n'importe quel échec ; si elle avait organisé celui-ci elle n'aurait pas pu s'y prendre mieux : les candidats doivent écouter un texte en anglais, puis répondre à un questionnaire de compréhension. L'enregistrement est mauvais, l'appareil est trop loin, bref, elle n'entend rien. Cette femme adulte, généralement peu encombrée de timidité, ne songe pas à lever tout simplement la main pour signaler que quelque chose ne va pas, elle ne demande pas à changer de place, elle tend désespérément l'oreille, ne comprend rien et coche son questionnaire au hasard.

Après coup, elle s'étonne et ne se reconnaît pas. Elle en parle à son professeur, qui l'oriente vers moi. Elle vient avec cette demande : « Faites que cela ne se reproduise pas, je veux réussir cette formation. »

Réussir, c'est bouleverser sa vie et celle des autres

Il est manifeste que cette jeune femme a des ressources d'intelligence, d'énergie et de sociabilité. Or, le jour de l'examen, ses ressources se sont envolées! Qu'est-ce qui a fait fuir ses qualités habituelles?

Je vais travailler d'abord sur cette hypothèse : une partie de Nicole désire qu'elle réussisse l'examen; une autre partie d'elle désire qu'elle échoue, et si je veux obtenir un résultat durable, je dois entrer en contact avec cette partie-là◆.

Je pose donc la question suivante : « Une supposition qu'il y ait un inconvénient à réussir cet examen, qu'est-ce que ce serait? »

Cette question n'est pas toujours magique, mais, cette fois-là, elle l'est. Nicole n'a besoin que de quelques secondes de réflexion pour comprendre la question et y répondre : « Je me rends compte que je n'ai pas vraiment discuté avec mon mari, avec mes enfants, de ce qui changera pour eux si je me mets à travailler : je ne serai plus à la disposition de tous; le goûter ne sera plus servi quand les enfants rentreront à la maison; je serai amenée à demander à chacun un peu plus de participation aux activités ménagères... Au fond, comment vont-ils prendre cela? Sont-ils mûrs pour ce changement? Il faut que j'en discute avec eux. » Nicole, pour la première fois, donne la parole à la partie d'elle-même qui redoute ce changement de vie, et dont elle ignorait encore l'existence.

Je lui dis qu'elle a manifestement à faire un « travail à la maison » avant toute intervention, et je lui propose de revenir quinze jours plus tard.

Pour moi, il s'agissait d'une opération préalable, mais quand elle revient, le problème est réglé : elle me dit que pendant la première semaine, elle s'est contentée d'observer sa famille. Elle a constaté que ses enfants acceptaient sans histoire de participer aux tâches ménagères, qu'ils étaient plutôt autonomes dans leur manière de vivre et de s'occuper d'eux-mêmes; que son mari était attentif à ses demandes. Pendant la deuxième semaine, elle a abordé la question avec eux. Elle a reçu de chacun des réponses qui allaient toutes dans le sens de : « Vas-y, nous sommes vraiment d'accord! »

Nicole a la permission de réussir. Mise en confiance, elle va maintenant me parler d'un autre problème.

◆ Sur cette façon d'interroger le symptôme, voir le chapitre 9.

Comment pouvons-nous savoir que le problème est résolu ?

La question que l'on peut poser est : « Comment puis-je savoir que ce problème est réglé ? » Suffit-il que Nicole me le dise ? Après tout, quand elle revient au bout de quinze jours, elle n'a pas encore eu l'occasion de se remettre en situation d'examen. Comment savons-nous, elle et moi, que cette difficulté est dépassée ?

CONGRUENCE

Quand nous parlons à quelqu'un, notre interlocuteur reçoit, en plus de ce qui est dit par la parole, plusieurs messages, qui passent entre autres par :

- le ton de la voix ;
- les gestes, volontaires ou non, bien visibles ou à peine perceptibles ;
- le regard ;
- les rougeurs, tremblements et autres signes d'émotion ;
- les signes de conviction ou d'hésitation.

Quand tous les messages vont dans le même sens, se confirment les uns les autres, on dit qu'ils sont **congruents,** ou que la personne est **congruente**.

Si vous dites : « Viens m'embrasser ! » en accompagnant votre parole d'un geste de recul, même à peine perceptible, vous êtes **non congruent** et vous mettez l'autre dans une situation impossible : Dois-je croire le message verbal ou le message corporel ? Si j'obéis à l'un des messages, ne va-t-on pas me reprocher de négliger l'autre ?

Si un enfant reçoit souvent des messages non congruents d'un parent ou d'un éducateur, il peut se trouver dans une impasse relationnelle dont il ne pourra se sortir que par l'agitation, la violence ou l'incohérence.

Quand on mène un entretien, un entraînement à repérer la congruence et l'incongruence des communications peut grandement nous aider à accéder à ce que la personne vit et ressent vraiment. Mais repérer une incongruence est une chose, la faire remarquer en est une autre. Si vous dites : « Vous me dites oui mais je perçois bien, qu'au fond de vous, c'est non », ou bien : « Votre parole dit oui mais votre corps dit non », vous prenez le risque de blesser la personne qui se sentira accusée d'être incohérente ou menteuse. Ce sera différent si vous dites : « J'entends votre oui, mais si vous le voulez bien, recherchons s'il n'y aurait pas une partie de vous qui aurait envie de dire non. Si cette partie existait, que dirait-elle ? Que pourrait-elle craindre ? »

Nicole le sait par cette sensation interne de détente, de certitude intérieure, qui lui fait sentir que maintenant toutes les parties d'elle convergent bien dans le même sens. Je le crois parce que je ne me contente pas d'écouter ce qu'elle dit : j'écoute le son de sa voix, son vocabulaire; je regarde l'expression de son visage, les messages de son corps : je la perçois comme **congruente**, c'est-à-dire que les messages verbaux ou non-verbaux, conscients ou non, qui émanent d'elle disent tous la même chose.

Et puis le petit mot que j'ai reçu quelques mois après a été le bienvenu, car il m'a apporté la validation finale : Nicole a repassé cet examen, puis un autre, avec succès. Elle continue.

Les bonnes raisons du symptôme

J'ai choisi de commencer par l'exemple de Nicole parce qu'il est d'une simplicité qui va permettre de mettre en évidence quelques notions de base.

Le symptôme a une raison d'être là. Cette raison est parfois compliquée, difficile à trouver, enfouie dans des lieux peu accessibles de notre mémoire, mais l'ignorer peut nous amener à faire des interventions inefficaces, ou efficaces seulement à court terme, ou carrément nuisibles.

« Conscient » et « inconscient » ne sont que des adjectifs

Cette recherche de l'écologie se fait aux frontières du conscient et de l'inconscient. Il n'est pas nécessaire, pour la faire, d'avoir une théorie sur une instance psychique appelée « inconscient », qui aurait telle ou telle structure. Il suffit de nous dire qu'à un moment donné certaines pensées, images et émotions sont présentes à notre conscience, alors que d'autres ne le sont pas. Ces pensées qui ne sont pas, pour le moment, présentes à notre conscience, peuvent être plus ou moins accessibles. Pour prendre un exemple simple, jusqu'à ce que vous lisiez cette phrase, vous n'aviez pas présent à la conscience le fait que vous aimez, ou n'aimez pas, les carottes râpées. Cependant, l'irruption de cette pensée ne vous apparaît pas comme une plongée dans les noires profondeurs d'un lieu dénommé « inconscient ». Simplement, une pensée qui était à l'arrière-plan s'est déplacée vers le devant de la scène. Sigmund Freud était bien au clair avec cet aspect mouvant de nos pensées, quand il écrivait : « Une représentation, consciente à un moment donné, ne l'est plus au moment suivant, mais peut le redevenir dans certaines conditions, faciles à réaliser. » (*Essais de psychanalyse*, Paris, Payot, 1997). Pour lui, travailler avec l'inconscient n'était pas travailler avec ces pensées qui vont et viennent entre conscience et inconscience, mais chercher le contact avec des pensées « refoulées », c'est-à-dire qu'un mode actif de défense maintient non accessibles aux modes classiques de la conversation. Dans le cas de Nicole, ce serait excessif de dire qu'il s'agit de refoulement.

Nicole avait une partie d'elle qui voulait aller de l'avant, travailler et se passionner pour son travail et y progresser. Cette partie était encouragée par une certaine norme de notre temps et de son milieu, qui dévalorise l'activité de mère au foyer. L'autre partie d'elle, qui s'inquiétait des

SYMPTÔME

Dans le dictionnaire Larousse, un symptôme est « un phénomène qui traduit les états morbides et qui est lié aux troubles fonctionnels ou lésionnels qui le déterminent. » Le symptôme permet de déceler un fonctionnement pathologique, une maladie.

On ne devrait donc pas utiliser ce mot tout seul : le symptôme est indice de… signe de…

Un médecin décrit des **symptômes** (douleur, fatigue…), puis il les réunit pour les faire converger vers un **diagnostic**. C'est sa responsabilité. Si vous arrivez avec un diagnostic tout fait, il fera son travail en demandant : « Quels sont les symptômes ? »

Notre langage psychologique est imprégné du modèle médical : si symptôme il y a, maladie il faut identifier. D'où des catalogues de maladies psychiatriques, comme le DSM (*Diagnostic and Statistical Manual of Mental Disorder*, Washington, APA, 1994) qui a été mis au point aux USA, ou le CIM (*Classification internationale des troubles mentaux et des troubles du comportement*, Masson, Paris, 1993), qui fait autorité mondialement.

Les gens qui viennent demander conseil ou une thérapie livrent des symptômes. À nous de les interroger pour répondre à la question : symptômes de quoi ?

Dans ce livre, nous nous proposons de garder pour les symptômes le sens de **signe de…**, mais non pas dans le sens de l'indice d'une maladie personnelle. Le symptôme est bien quelque chose qui ne va pas, qui n'est pas bien supporté par la personne elle-même ou par quelqu'un de son entourage, et que nous devrons décoder.

Le « pour quoi ? » sera la ligne directrice de ce décodage.

conséquences pour sa famille, n'avait pas encore trouvé le moyen de se faire entendre, mais elle était très proche de la conscience : il a suffi de s'adresser à elle, de lui demander, pour la première fois, son « pour quoi ? » et elle a immédiatement répondu.

Voici donc une première situation où la recherche de l'écologie a été suffisante pour résoudre le problème. En effet, quand celle-ci est devenue consciente, il devenait du même coup possible d'en parler, de discuter et de négocier.

La partie de Nicole qui créait le problème n'était pas entendue, pour toutes sortes de raisons, que je n'ai peut-être pas toutes décryptées (il faudra vous y faire, on ne décrypte jamais tout !). Or, que font les gens qui ne sont pas entendus ? Selon l'âge et le pouvoir qu'ils ont, ils crient, trépignent, font la grève, posent des bombes... bref, ils créent un trouble. En l'occurrence cette partie, faute d'avoir encore pu s'exprimer en pensées ou en phrases, sabotait le projet conscient de Nicole. Dès qu'elle a pu parler et être entendue, elle a aussi pu écouter, comme un enfant qui cesse de bouder : la négociation devenait possible.

La guerre entre soi et soi

Quand nous présentons un quelconque symptôme nous avons tendance à connoter comme « bonne » une partie de nous, et une autre comme « mauvaise ». Quand Nicole est arrivée chez moi, la partie qu'elle reconnaissait comme « bonne » voulait un certain type de réussite et une autre partie voulait ce qu'en premier examen on pourrait appeler un « échec ». Mais est-ce un échec qu'elle voulait, ou un autre type de réussite, celle d'une famille dont le bonheur et l'équilibre sont préservés ?

Cette confrontation entre deux parties de nous qui veulent des choses différentes, voire opposées, peut être qualifiée de « névrotique ». On peut aussi considérer que, à des degrés divers, c'est le fonctionnement de chacun de nous : je veux quelque chose et je n'y arrive pas, ou je ne veux pas quelque chose et je le fais quand même. Ce qu'un de mes professeurs, le psychanalyste A. Ruffiot, appelait être « normalement névrosé ».

Dans une optique qui ne s'attacherait qu'aux comportements, on pourrait être tenté de renforcer la partie réputée bonne :

– celle qui vous veut mince contre celle qui veut vous apporter plaisir et réconfort avec une bonne cuisine, de bons gâteaux et une joyeuse convivialité ;

– celle qui veut que vous plongiez du grand plongeoir contre celle qui cherche à vous protéger en vous empêchant d'aller au-delà de vos capacités ;

– celle qui vous veut adulte et autonome alors qu'une autre partie de vous trouve qu'on est si bien petit et dépendant.

Sans compter que le discours social s'en mêle en décrétant que telle partie est la bonne, ou en embrouillant encore les choses par des messages contradictoires : le discours normatif qui nous veut filiforme, et la prolifération de magasins et de publicités pour des sucreries ; le changement brutal qui fait passer de la toute-puissance des fumeurs (image élégante de la séductrice au long fume-cigarette) au terrorisme des non-fumeurs...

Quand deux parties de nous entrent en guerre, s'il y a un vainqueur et un vaincu, celui-ci préparera sa revanche, et reprendra les hostilités dès qu'il se sentira de nouveau assez fort ; si vous venez au secours du plus faible vous risquez d'entretenir la guerre. Or, c'est justement la guerre qui est le problème, qui est source de souffrance !

Signer le traité de paix

La véritable question à se poser devient donc, non plus comment renforcer une « bonne partie » pour qu'elle gagne sur une « mauvaise », mais comment établir un « traité de paix » qui respectera au maximum les aspirations de chacune.

Pour cela, la première condition est d'écouter et de respecter ces aspirations, en acceptant l'idée que les objectifs de chaque partie, de chaque personne, de chaque groupe humain, sont toujours positifs. Ce sont les moyens adoptés qui ne sont pas toujours les plus efficaces ni les plus équilibrants.

CHAPITRE 2

Échouer pour être vu

« Finalement, chaque homme fait dans sa vie l'expérience d'un conflit unique qui réapparaît constamment sous des déguisements différents. »

R.M. Rilke, *Lettre à la comtesse M.*

Claire rate son permis de conduire

Claire a raté cinq fois le permis de conduire. Or, selon elle et son entourage, elle sait bien conduire. Personne n'imagine qu'elle pourrait être un « danger public » si elle conduisait. Alors comment se débrouille-t-elle pour échouer, et « pour quoi » faire ?

Voici comment cela se passe : elle entre dans la voiture, salue l'inspecteur et démarre, détendue et sûre de sa compétence. Au début, tout va bien, et puis peu à peu, la tension monte en elle, monte, monte, et tout à coup, elle fait une grosse bêtise. Le dernier inspecteur lui a dit : « C'est dans la tête », ce qui la décide à me consulter. Bravo, Monsieur l'inspecteur !

Quand je vois entrer Claire, je suis frappée par sa beauté : ses long cheveux bruns bouclés, son charmant minois, son allure assurée, tout me donne à penser : « Voilà une jeune fille qui ne doit pas être habituée à passer inaperçue ! » Après l'exposé succinct de l'histoire, j'explore, évidemment, l'écologie. Quel risque y a-t-il à avoir le permis de conduire ? On peut être une personne qui ne peut apprendre à conduire correctement, par inaptitude visuelle ou spatiale, en raison d'un ralentissement des réflexes dû au vieillissement ou à un trouble neurologique, ou par débilité mentale. Les personnes que cela concerne sont éliminées par la passation de l'examen. Dans le cas de Claire, il n'y a manifestement rien de tel et le diagnostic de l'inspecteur rejoint mon sentiment ainsi que le sien : réaction émotionnelle inadaptée, non à la conduite automobile, mais à la passation de l'examen…

Un « pour quoi? » inattendu

Sauf que les réactions émotionnelles prétendument inadaptées sont toujours adaptées à quelque chose. Le tout est de trouver à quoi.

Ce peut être un risque vis-à-vis des parents : devenir grand, se passer de leur protection, prendre son envol et les laisser s'acheminer seuls vers la vieillesse et l'inutilité, est une démarche qui peut être difficile et porteuse de culpabilité. Le permis de conduire est un puissant symbole de cette autonomie. Parfois, ce sont les parents eux-mêmes – ou l'un des deux – qui ne peuvent voir leur enfant grandir et qui sont terrorisés à l'idée de le savoir au volant. D'autre fois, et c'est peut-être le cas le plus fréquent, ils tiennent un double langage : explicitement, ils souhaitent le permis, mais leurs regards et leurs attitudes laissent percer leur angoisse face à la prise d'autonomie.

Parfois l'écologie est à chercher du côté du conjoint, comme dans le cas de cette femme qui consulte pour une phobie des transports en commun et qui, en cours de thérapie, découvre à quoi sert cette phobie : son mari a pris auprès d'elle, inlassablement, la fonction de chauffeur, et c'est sa dernière utilité, le dernier besoin qu'elle a de lui. Renoncer à sa phobie la confronterait à de nouveaux choix, autrement impliquants.

Je pose donc la question : « Si vous aviez votre permis, est-ce que cela pourrait avoir un inconvénient, pour vous ou pour quelqu'un de votre entourage? Est-ce que quelqu'un redoute que vous l'obteniez? »

Claire paraît bien comprendre ma question et réfléchit : ses parents, son copain… Il semble bien que toutes les parties d'elle, comme toutes les personnes qui ont de l'importance pour elle, souhaitent qu'elle ait ce permis. En regardant son visage et ses attitudes, en écoutant sa voix, je vérifie sa **congruence**◆. Je suis perplexe : qui donc en elle, à qui je n'ai pas encore eu accès, refuse ce permis?

Vivre l'expérience au présent

Je propose alors à Claire de se mettre en situation d'examen de conduite et de me raconter, au présent, ce qu'elle fait, ce qu'elle perçoit, ce qu'elle ressent. « J'ouvre la portière, je m'assieds, je dis bonjour… » Et tout à

◆ Voir l'encadré « Congruence » plus bas.

coup, elle s'emporte : « Les inspecteurs, j'en ai vu plusieurs maintenant, ils sont tous pareils ! Quand on leur dit bonjour, ils ne répondent pas, ils ne vous regardent même pas ! Seulement "Démarrez, tournez, garez-vous..." Au moins, quand on est collé, ils vous parlent, ils vous expliquent ce qui n'a pas marché ; sinon, ils signent le papier et vous le fourrent sous le nez, sans un mot et sans un regard ! »

« Ça y est, me dis-je, j'ai trouvé ! » Claire ne supporte pas cette absence d'égard et de regard. Ses efforts de politesse ne semblent même pas perçus. La tension qui monte en elle va alors aboutir à ce qu'elle veut : qu'on la regarde et qu'on lui parle.

Choisir une solution

Il reste à chercher avec Claire la solution la plus adaptée à la situation : ou bien elle trouve une autre manière de se faire considérer et traiter en être humain par ce monsieur, ce qui est un but honorable, mais qui risque de l'entraîner dans des comportements peu adaptés à ce contexte ; ou bien, pour atteindre ce but important qu'est le permis, elle décide de supporter momentanément qu'un être humain ne s'intéresse pas à sa personne. Elle peut adresser ailleurs ses demandes d'être reconnue dans son aspect unique. Notre conversation me persuade qu'elle est effectivement apte à le faire : elle a des amis, des activités où elle réussit, un garçon qui l'aime...

Cette jeune fille aime être vue et être en relation. Faut-il traiter cela comme une pathologie à soigner ? Tout me donne à penser que ce penchant est intégré dans une personnalité normalement équilibrée. Claire a pu évoquer la situation-permis en lui associant un état émotionnel adéquat, puis vivre la situation quelques jours plus tard : elle a conduit avec détachement, en chantonnant dans sa tête pour s'aider, et tout s'est bien passé. Elle n'a pas seulement réglé son problème du moment, elle a fait un apprentissage : elle a découvert et développé sa capacité à prendre une distance émotionnelle adéquate par rapport à la situation qu'elle vit. C'est un acquis qui pourra lui servir dans d'autres circonstances.

La représentation et la réalité

Les inspecteurs du permis de conduire sont-ils réellement tous comme le dit Claire ? Rappelons que nous ne travaillons pas sur des **réalités**, mais sur des **représentations**, c'est-à-dire sur les images et les pensées que la personne nous présente et se présente à elle-même, à un moment donné.

Ce ne sont pas les réalités que nous pouvons changer. Sur une réalité donnée, nous pouvons changer nos images, nos pensées, nos croyances, pour qu'elles deviennent plus adaptées aux buts que nous nous donnons.

S'attendre aux surprises

Ce cas montre la vigilance que nous devons avoir dans nos explorations : tout thérapeute a quelques idées reçues sur la direction à prendre. Il est normal et utile, dans le travail clinique, d'avoir en tête quelques pistes possibles. Suggérer des orientations peut faire gagner du temps. Mais l'exemple de Claire montre qu'on ne peut s'en contenter et qu'il est nécessaire d'écouter et d'accepter ce qui vient du patient, si étonnant que cela paraisse : qui aurait pensé qu'une ravissante jeune fille puisse rater cinq fois son permis pour qu'on la regarde ?

Sophie n'apprend rien à l'école

Cette histoire s'est passée dans le centre médico-psychologique (CMP) où j'exerce les fonctions de psychologue, lors d'une consultation menée par la pédopsychiatre de l'équipe et moi-même. Sophie, 7 ans, arrive à la consultation accompagnée de sa mère et de sa petite sœur de 5 ans. Sophie n'apprend rien à l'école, semble ne rien comprendre. Quand l'institutrice tente de lui expliquer quelque chose, Sophie la regarde droit dans les yeux en répétant : « Je comprends pas, je comprends pas, je comprends pas ! » Chaque soir, son père et sa mère se relaient pour lui faire répéter opérations, récitations et tables de multiplication... Rien n'y fait, Sophie ne retient rien, n'apprend rien, ne comprend rien.

Quand sa petite sœur entre dans la pièce, elle ne laisse pas ignorer sa différence. Tout de suite, elle s'écrie : « Le calendrier est pas à la bonne date : on n'est pas en avril, on est en mai ! » Rappelons qu'elle a 5 ans... Après l'exposé de la situation par la mère, nous lui demandons si elle a une opinion sur ce qui se passe. Oui, elle en a une : plus ou moins clairement, elle établit une relation entre ce problème et l'envahissante présence de cette petite sœur brillante, tonique, et de plus terriblement jalouse : « Je ne peux pas câliner Sophie sans que sa sœur vienne s'interposer, avec des cris et des coups... » Après cette description, il ne restait plus qu'à poser la question qui s'imposait : « Dis-moi, Sophie, si tu te mettais à bien travailler à l'école, crois-tu que tes parents continueraient à s'occuper de toi ? » Et Sophie, très calme, le regard droit mais sans trace d'agressivité dans la voix, a répondu : « Non. »

Nous reviendrons sur ce que l'on peut faire d'une telle réponse mais constatons dès à présent que beaucoup de comportements d'échec sont une manière de dire à quelqu'un : « Je suis là ! Regarde-moi ! Aime-moi ! » Dans ces conditions, arrêter d'échouer, de se tromper, ce serait cesser d'exprimer sa demande. N'est-ce pas bien risqué ? Sophie, dans sa logique d'enfant, n'a-t-elle pas raison ?

CHAPITRE 3

Ne pas grandir trop vite

« Je crains ce que je veux et veux ce que je crains. »
Corneille, *Camma et Pyrrhus.*

Lucas craint de devenir adulte

Lucas est un beau garçon de 25 ans. Il mène une vie passionnément active : il pratique des sports violents mais il consacre aussi une grande partie de son temps à des associations d'aide au tiers-monde, au quart-monde, à tous les maltraités de la vie. Il trouve bonheur et équilibre dans la conjonction de ces deux types d'activité. Dans ses études, qu'il est en train de terminer, tout se passe bien : il ne lui reste plus qu'à rédiger un mémoire de fin d'études et il aura non seulement le diplôme qu'il souhaite, mais une place assurée dans le monde du travail. Et tout à coup, Lucas se persuade qu'il ne pourra jamais rédiger ce mémoire ; que c'est une tâche atrocement difficile et hors de sa portée ; qu'il ne pourra jamais exercer ce métier ; bref, qu'il n'est bon à rien. Une violente angoisse le tient éveillé la nuit. Trop mal avec lui-même, il ne se sent plus d'aider les autres. Il ne comprend pas ses propres réactions, son entourage non plus. Qu'est-il arrivé à ce garçon plein de feu ? Son médecin généraliste, qui le connaît depuis longtemps, lui a donné un traitement pour l'aider à dormir et lui a dit : « Tu as un tempérament nerveux et inquiet, il faudra que tu vives avec », ce en quoi il a probablement raison. Lucas se confie au responsable de l'un des organismes caritatifs qu'il fréquente, et lui explique à quel point il est désarçonné par ce qui lui arrive. On voit poindre là une caractéristique très fréquente chez les personnes déprimées ou angoissées : elles se sentent en plus coupables de l'être, ce qui augmente encore leur dépression et leur sentiment d'indignité. Heureusement, le responsable a refusé de jouer ce jeu-là et lui a dit : « La morale est une chose, le psychique en est une autre », et me l'a adressé.

Le temps de faire connaissance, d'entendre l'exposé de Lucas, j'aborde la question écologique : « La partie de vous qui provoque ces symptômes, que cherche-t-elle à faire de bon pour vous ? De quoi cherche-t-elle à vous protéger ? » La réponse ne tarde pas : « Elle cherche à me protéger des responsabilités et des angoisses de la vie d'adulte : être à la hauteur dans mon travail, conquérir une jeune fille, élever des enfants... »

Il a suffi de considérer avec respect cette partie de lui, de l'écouter, de dire que son but était estimable, pour que Lucas se détende. La deuxième étape a consisté alors à rechercher avec lui s'il n'avait pas d'autres moyens, moins drastiques, de s'assurer cette légitime protection. Lucas a fait le tour des moyens qu'il avait pour aborder la vie en sécurité ; moyens internes : ses qualités, son dynamisme, sa générosité ; moyens liés à son entourage : famille, réseau d'amitiés. Il repart déjà ragaillardi. Quand il revient, il est bien, détendu, les médicaments ne sortent plus du tiroir, le mémoire est en bonne voie. Cependant, il veut continuer à venir, malgré la charge financière qui est lourde pour lui. La raison : « J'ai peur que ça recommence. » Pendant cette séance, nous parlons de choses et d'autres et je suis perplexe : que puis-je encore faire pour ce garçon qui va bien, qui ne se plaint de rien, qui n'a aucune demande, si ce n'est la crainte que revienne cette souffrance ? La réponse vient à la séance suivante : il est venu « par politesse », il va bien, il n'a plus de demande, il pense cesser de venir. Il envisage l'avenir avec sérénité, disant que certainement la vie, le travail, la construction d'une famille lui apporteront des soucis, mais qu'il se sent confiant dans ses capacités à affronter les tâches que la vie lui apportera.

Écouter l'angoisse

Beaucoup de jeunes font ainsi des crises d'angoisse ou de dépression spectaculaires, avec parfois des tentatives de suicide, au moment où approche – et menace – l'entrée dans la vie adulte. On est habitué à voir dans les médias, à entendre dans les conversations, toutes sortes de commentaires sur l'inquiétude des jeunes, leur crainte de devenir chômeur et de ne pas trouver de place dans la société. Or les psychothérapeutes voient venir des jeunes qui n'ont pas peur de l'échec, mais de la réussite !

Lucas était assuré d'une place dans la société, et d'une place qui lui convenait, mais quelque chose en lui avait peur. Les peurs de ces jeunes s'expriment par des symptômes variés, c'est le « pour quoi ? » qui n'est pas varié du tout !

Le cas de Lucas est exemplaire en ce sens que ceux qui lui ont dit directement qu'il était capable, qu'il avait les moyens d'aborder la vie adulte n'ont rien pu faire pour lui : il fallait d'abord donner la parole à cette partie de Lucas qui craignait pour lui, manifester du respect pour le projet de cette partie, et seulement alors il a pu lui-même reprendre contact avec ses capacités.

On sait que, si on dit à une personne déprimée : « Allons, allons, ressaisissez-vous, la vie est belle ! » on aggrave plutôt sa déprime, car on y ajoute le sentiment d'incapacité et de culpabilité de n'être même pas capable de faire quelque chose d'aussi simple que sourire, sortir, faire du sport... La première chose à faire, sinon la seule, c'est de donner à cette personne le droit d'être déprimée. Dans le cas de Lucas, qui traînait son angoisse, j'ai été la première à lui donner l'autorisation d'avoir peur. La seule sans doute qui n'ait pas combattu le symptôme, mais qui lui ait donné la parole.

Car les symptômes sont comme les personnes : si on les attaque, ils se défendent ; si on ne les écoute pas, ils crient plus fort. Si on leur dit qu'ils ne devraient pas exister, il est normal qu'ils en fassent encore plus pour se faire entendre. Si on reconnaît que leur but est positif, que ce qu'ils ont à dire est important, alors la personne pourra accepter l'idée qu'il y a peut-être d'autres moyens à trouver pour dire et faire ce qui est important pour elle.

Les peurs de Nathalie

Nathalie est une bonne élève de terminale. Elle a choisi une voie professionnelle intéressante et accessible pour elle. Ses parents la gâtent, elle aime un garçon qui l'aime. Mais elle pleure, elle mange, elle vomit : « Quand je suis occupée tout le temps, ça va, dit-elle, mais dès que je me retrouve seule, “ça angoisse”. » Elle redoute tant le retour au lycée du lundi matin que, chaque dimanche, elle pleure toute la soirée. Parfois, elle n'arrive pas à se résoudre à y aller et manque quelques jours. Quand son petit ami est hors de son champ visuel, elle l'imagine infidèle. Elle s'angoisse sur les « interros » et s'inquiète surtout du regard des autres : « Les copines, dit-elle, se regardent et s'épient, remarquent laquelle a grossi, comment chacune est habillée... » Naturellement, elle se trouve grosse. Faut-il perdre du temps à raisonner toutes ces filles ravissantes qui se trouvent grosses ? Que lui importe que moi, je la trouve très jolie, avec une silhouette parfaite ? « Les autres se moquent de tout le monde, donc elles doivent se moquer de moi aussi. » Elle dit aussi que l'abord de la philosophie l'a amenée à se poser des questions… Quelles questions ? Ce n'est pas bien clair. Ce qui n'est pas très clair non plus, c'est cette ébauche de tentative de suicide qui amène la demande de consultation.

Mon premier dialogue avec elle crée dans mon esprit le portrait d'une jeune fille extraordinairement tendue vers le projet de plaire à tout le monde, d'être aimée de tous, d'être conforme au désir de chacun.

Peur de rater ou de réussir ?

Dès le premier entretien de thérapie proprement dite, se dessine un premier « pour quoi ? ». Quand elle me dit : « C'est bientôt le bac et j'ai peur », je lui demande : « Peur de rater, ou peur de réussir ? » Ce genre de question peut paraître une provocation, et, après tout, c'en est une ! Il va sans dire qu'on ne pose une telle question que lorsqu'on est sûr que la relation est bonne, qu'une confiance suffisante est installée.

Ce devait être le cas, puisque Nathalie, après avoir répondu sur un ton d'évidence : « Peur de le rater ! », a eu un très court silence avant de poursuivre : « Peur de le réussir aussi… Je devrai quitter mes parents, prendre une chambre en ville. Ma mère a dit qu'elle ne me voyait pas bien vivre seule. » Elle ne redoute pas seulement la vie d'adulte : elle protège quelqu'un d'autre, sa mère, en évitant de heurter ses croyances. Manifestement, Nathalie a une mission : faire plaisir à tous, répondre aux attentes de tous, maintenir l'entente et l'harmonie dans la famille. D'ailleurs, une unité et une solidarité extraordinaires se sont créées autour du problème actuel de Nathalie : son frère aîné l'héberge en ville pour mieux l'entourer et pour la rapprocher d'un lieu de soin, son autre frère cherche des adresses de thérapeutes, ses copains viennent la voir. C'est surtout cette série de phrases qui m'intéresse : « Mes parents, grâce aux ennuis actuels, ils se parlent… Mes parents font tout pour que je sois heureuse… Avant, mon père ne s'occupait jamais de moi, maintenant il s'occupe beaucoup de moi. »

Je pourrais lui montrer qu'elle se rend malade pour que l'on s'occupe d'elle, but parfaitement valable, mais cela, elle le sait déjà, et le pointer n'apportera pas de changement d'orientation dans ses pensées. Je préfère lui parler de son dévouement envers l'unité de la famille, tout en glissant que parfois ce doit être bien lourd pour elle.

De plus, les symptômes arrivent à un moment crucial pour la famille : ses frères ont pris leur autonomie, ont quitté le domicile des parents et travaillent. Son départ va créer un vide dans la famille et mettre les parents l'un en face de l'autre, apparemment sans grand-chose à se dire.

Plus tard, le « pour quoi? » va s'enrichir encore de cette phrase : « Il ne faut pas que j'arrête de pleurer, sinon on va croire que ça va mieux. » Qui est « on »? Sa mère : Nathalie décrit alors une femme au caractère assez dur, difficile à contenter. « Elle me dévalorise tout le temps. » Comment obtenir de l'attention d'une mère qui vous dévalorise? Certainement pas en exposant ses qualités, en étant bonne élève et bien dans sa peau, puisque ce sont les défauts et les faiblesses qui attirent son regard! Je découvre alors que Nathalie pleure essentiellement en présence de sa mère, ou d'une personne susceptible d'aller la chercher. Si elle arrêtait de pleurer? « Ma mère s'occuperait moins de moi, mes frères aussi. » Réussir serait aussi détromper sa mère, et faire savoir publiquement que sa prévision était fausse, puisqu'elle affirme que Nathalie n'est pas prête à vivre seule. Se conformer à l'image que nos parents ont de nous est une fidélité parmi d'autres.

Cependant, en même temps qu'une partie d'elle veut continuer à pleurer pour que sa mère soit bien sa mère, pour que ses parents soient bien un couple, une autre partie voudrait bien arrêter ça et vivre autre chose; on peut dire, en première approximation, que c'est celle qui est liée à un garçon. Je choisis donc de montrer mon estime pour la partie d'elle qui produit et maintient ces symptômes, tout en commençant à saper doucement cette croyance qui semble mener le jeu, et qui dit que Nathalie n'a pas d'autre solution, pour atteindre ses objectifs, que d'être malade. J'encourage donc Nathalie à ne pas grandir trop vite, à continuer à intéresser sa mère et à protéger l'unité familiale. En même temps, je glisse quelques doutes : pense-t-elle qu'elle pourra changer sa mère, reconstruire le couple de ses parents, ou a-t-elle d'autres responsabilités à assumer?

Nathalie revient la semaine suivante, souriante et disant que tout va bien : elle va au lycée, travaille, apprend. Elle envisage sereinement ses études de l'année à venir. Le dimanche soir est redevenu un moment comme un autre. Une seule chose la préoccupe encore : « Comment ai-je pu me mettre dans un état pareil? » Je ne peux répondre à cette question, mais je lui propose de tirer leçon de cette expérience : eh oui! elle est capable d'une chose pareille! Qu'elle tire de cet épisode une nouvelle connaissance d'elle-même.

Je crois important de clore ainsi une thérapie : saisir ce qui s'est passé non pas comme un accident, une parenthèse à oublier, mais comme une occasion de progrès par l'expérience et l'acquisition de nouvelles connaissances. Nathalie a appris quelque chose sur elle-même, elle a aussi testé l'ampleur de l'amour de ses parents et de la solidarité de sa famille. C'est un bagage qu'elle peut emporter avec elle.

Grandir, c'est quitter

Le cas de Nathalie permet une approche de ce qui fait peur à beaucoup de jeunes prêts à prendre leur envol : leurs parents vont rester seuls. Cette culpabilité pèse tout particulièrement sur ceux qui vivent avec un parent veuf ou divorcé. Beaucoup d'adolescents élevés par une mère seule perçoivent celle-ci, à tort ou à raison, comme abandonnée et souffrante. La quitter devient alors extrêmement difficile, même – ou surtout – si elle exprime explicitement que c'est le bonheur de son enfant qui compte, ce qui est une manière habile de faire savoir qu'elle-même n'est pas heureuse. La tâche est bien plus facile pour ceux qui savent qu'ils laissent derrière eux des parents qui s'aiment et qui manifestent leur bonheur d'être ensemble.

La carrière de Laetitia

Laetitia, jeune violoniste en passe d'être reconnue comme virtuose, travaille très dur dans ce but. Comment se fait-il qu'elle rate toujours quelque chose ? Comment se fait-il qu'à chacune de ses prestations il y ait un incident : accès de trac paralysant, panique soudaine devant le public, trou de mémoire… ? Avec elle aussi, j'ai beaucoup travaillé sur la peur de réussir : les prédictions de sa mère, qui ne peut imaginer que sa petite fille devienne grande ; et aussi les avis négatifs d'autres membres de sa famille, sorte de « clan sicilien » constitué de fortes et brillantes personnalités, mais assez difficiles à vivre, à la fois par leur caractère entier et leur niveau d'exigence. Ce clan est extraordinairement soudé et solidaire : toute personne en difficulté déclenche une mobilisation et une prise en charge de l'ensemble du groupe. La rançon de cette situation, c'est qu'il est aussi difficile d'entrer dans ce clan (pour les conjoints) que d'en sortir : il n'est pas vraiment permis de réussir seul, de sortir du rang tant qu'un seul membre du clan a des problèmes.

Laetitia s'est appliquée à venir en aide à tous les membres de sa famille qui avaient des problèmes personnels ou familiaux : elle ménage sa mère, conseille son frère dans ses difficultés éducatives, convainc plusieurs personnes de faire une démarche de thérapie personnelle ou de couple. C'est clair, elle ne pourra réussir que lorsque tout le monde ira bien... Et tout me donne à penser qu'elle est en train d'y arriver : comme elle a beaucoup travaillé sur elle-même, elle est de bon conseil pour les autres. Elle incite chacun à être à l'écoute des autres, elle alerte des parents sur le malaise de leur enfant, sans s'égarer dans une inutile directivité. L'ensemble de sa famille l'accepte et la conforte dans ce nouveau rôle.

Aurait-il fallu la convaincre qu'elle n'est pas responsable de sa mère, des problèmes de couple de sa sœur, de l'éducation de ses neveux... ? Ç'aurait été entamer un combat contre ses croyances et ses valeurs, ainsi que celles de tout le réseau familial, combat inégal s'il en est, et très probablement voué à l'échec. Mon dernier contact avec elle, c'est un coup de fil où elle m'explique la bonne tournure que prend sa carrière et comment sa famille se mobilise pour l'aider dans sa réussite : organiser ses relations publiques, éditer son premier disque... « La famille, me dit-elle, se réunit autrement. »

La peur de réussir me paraît rendre compte de nombreuses crises soudaines qui s'abattent sur tant de jeunes garçons ou filles, justement ceux qui sont intelligents, intégrés, bons élèves. Dans certains cas, on trouve en arrière-plan de ces crises une pathologie importante, personnelle ou familiale. Dans beaucoup d'autres cas, toute personne suffisamment écoutante peut leur rendre un grand service, simplement en leur donnant l'autorisation d'avoir peur. Pensons-y systématiquement, chaque fois que quelqu'un vient nous parler du stress de l'examen, de la crainte de l'échec, de l'angoisse d'affronter un jury. Parlons de la peur de réussir.

CHAPITRE 4

Tout maîtriser

« Les histoires à dormir debout
sont de celles qui tiennent le mieux éveillé. »

Marthe Robert, *Roman des origines et origines du roman.*

L'insomnie de Solange

Solange a chaque soir des difficultés à s'endormir. Elle me dit qu'elle se couche en ayant sommeil, et met pourtant entre une heure et demie et trois heures à s'endormir. Cette jeune femme très active et dynamique veut contrôler au maximum ce qui lui arrive, avoir des résultats impeccables dans son travail, quitte à faire aussi le travail du collègue insuffisamment actif ou compétent. Elle aime aussi maîtriser ses relations et contrôler ses émotions. Comme d'habitude, je vais chercher avec elle à quoi lui sert ce temps d'insomnie. Pour cela, je lui demande de se mettre en situation et de me dire ce qui se passe en elle. Elle me décrit alors un fonctionnement psychique où des images, des sons et des pensées se succèdent, dit-elle, sans lien logique. En fait, il y a un lien, mais c'est un lien associatif : un son entraîne une image, qui en entraîne une autre… Finalement, elle trouve la comparaison qui exprime le mieux ce qui se passe en elle : « Les idées se suivent comme une pelote de fils attachés les uns aux autres : un fil rouge, puis un fil noir, puis un vert… » Je l'interroge sur l'utilité de cette manière de faire, sur le risque qu'il y aurait à la quitter : « Cela m'aide à contrôler les choses, à ne rien oublier. » Je l'écoute avec intérêt. Ce que Solange est en train de décrire, c'est tout simplement le fonctionnement de l'inconscient, tel que les psychanalystes le décrivent : une image, une pensée se suivent et le lien entre elles n'a rien de logique au sens rationnel du terme ; c'est un lien de ressemblance ou de proximité. Les pensées peuvent être visuelles, sonores, métaphoriques. Ce peut être un mot, une bribe de mot, ou même un jeu de mots. Le discours de l'inconscient est : « Ça me fait penser à... ». Le lien est sensoriel et imaginaire. Le travail de l'analyse des rêves consiste à décoder ces liens d'apparence fortuite pour réfléchir sur ce qu'ils nous disent de nous et de ce qui nous préoccupe. Je lui dis donc comment je vois les choses, que ce fonctionnement psychique qu'elle décrit est celui des rêves. Nous savons que nous ne pouvons nous passer de rêver : c'est un temps d'élaboration, de mise en mémoire par la mise en lien de ce qui s'est passé dans la journée avec ce qui est déjà inscrit en nous. C'est bien ce que Solange me décrit comme étant l'utilité de ce temps d'insomnie pour elle.

Nous aurons plus tard l'occasion de travailler sur ce besoin de vigilance et de contrôle qui fait faire à Solange beaucoup d'excellentes choses, mais qui parfois pèse sur ses relations et sur ses possibilités de se détendre et de se reposer. Le problème de Solange, c'est que ce travail psychique semble se faire en état de veille. Nous repérerons aussi, dans son histoire d'enfant qui craignait pour le maintien du couple de ses parents et l'équilibre de sa famille, l'importance qu'avait prise en elle l'injonction : « Reste en éveil. »

La nuit est faite pour rêver

Je lui fais part de mon analyse et lui dis qu'elle pourrait confier cette mission à l'instance psychique qui est faite pour cela, c'est-à-dire ses rêves. Elle a un tel besoin de contrôler les choses, qu'il est probable qu'une proposition directe de relâchement et d'abandon, comme le font la plupart des méthodes de relaxation, n'aurait pu réussir. Toujours est-il que sa réponse, son attitude, la coloration de son visage, montrent une réelle satisfaction et l'envie d'essayer. Je lui demande donc, en état de relaxation, de se placer au moment où elle ressent les premiers signes de fatigue, et de faire ce qu'elle fait d'habitude : se coucher, lire un peu, éteindre la lumière, en y ajoutant seulement la remise à ses rêves de leur mission naturelle. Je la regarde faire et je note le premier bâillement sans lui attribuer vraiment d'importance. Au cinquième, au sixième bâillement, de plus en plus forts et profonds, je suis stupéfaite : Solange est tout simplement en train de s'endormir en séance ! Elle balbutie quelque chose que je ne comprends pas, puis dit : « J'ai perdu le fil... Je n'ai rien trouvé à quoi penser. » L'image du fil est donc spontanément revenue.

Solange ne s'est pas vraiment endormie, mais elle a présenté les phénomènes hypnagogiques : détente physique, bâillements, rupture du fil des pensées. Comme il reste du temps, je lui demande si elle veut évoquer quelque chose ou si on s'arrête là. Elle me répond qu'elle a le sentiment de « quelque chose d'achevé ». Elle est ensommeillée, elle dit plusieurs fois : « Il faut que je me réveille », mais elle se montre suffisamment présente à la réalité pour me parler de payer la séance qu'elle a manquée la semaine précédente. Cependant je ne me décide à la laisser partir que parce qu'elle me promet de marcher un peu avant de reprendre le volant !

Le problème s'est déplacé

Ce serait si agréable de dire que le problème du sommeil de Solange a été résolu ce jour-là ! Hélas, ce n'est pas le cas : le problème s'est déplacé. Solange s'endort le soir sans difficulté, mais elle est plusieurs fois réveillée au milieu de la nuit, et à chaque fois pour plus d'une heure.

Fidèle à son habitude de faire confiance au contrôle et à la volonté plutôt qu'au relâchement et à la détente, Solange voudrait que je l'aide à « renforcer » la partie d'elle qui veut dormir, pour qu'elle « l'emporte » sur l'insomnie. Je reconnais là son aspect tonique et volontaire, mais je lui dis qu'il s'agit d'une logique de combat, et qu'aucune volonté, aucun combat n'a jamais favorisé le sommeil ! Plutôt que de renforcer en elle la partie qui veut dormir, je préfère interroger l'autre partie, celle qui la réveille.

À quoi sert ce réveil du milieu de la nuit ? « Quand j'ai eu une difficulté relationnelle dans la journée, j'ai besoin de ce temps pour prévoir comment je vais faire le lendemain... Je suis une personne qui a besoin de beaucoup de temps pour prévoir et organiser. » Elle me raconte une situation récente où elle estime que, sous l'influence de la surprise et de la colère, elle n'a pas eu la réaction adéquate. Dans la nuit qui a suivi, elle a revécu l'histoire, critiqué sa propre attitude, et décidé de mettre au clair certaines choses le lendemain. « Donc, ce temps que vous ne trouvez pas dans la journée, c'est l'insomnie qui vous le donne. » Là, il ne s'agit plus d'une fonction d'intégration qui peut être confiée à l'inconscient, mais d'un travail de réflexion consciente et de prise de décision. Je tente une intervention visant à ce qu'elle se donne ce temps dans la journée, mais cela ne paraît pas possible dans son emploi du temps et surtout dans son organisation psychique, qui ne peut, au moins pour le moment, envisager d'avoir un creux dans l'activité de sa journée.

L'autre possibilité qu'elle envisage alors est de prévoir chaque soir quelques minutes pour se recueillir et faire ce travail : identifier ce qui n'a pas été parfait dans la journée, ce qui mérite d'être revu, ce qui exige la décision de se comporter différemment le lendemain. Elle se voit s'installant chaque soir à son bureau pour consacrer cinq minutes à cette réflexion.

Naturellement, dans la réalité, elle ne le fait pas : très peu de gens sont aptes à se contraindre à un rituel quotidien, sauf dans des situations de forte motivation (prière) ou de pression de groupe.

Apprendre à être à l'écoute de soi

Solange va apprendre à repérer les soirs où elle a besoin de ces quelques minutes de recueillement avant le sommeil. Ce sont les jours où elle a vécu un événement relationnel qui la met mal à l'aise : elle estime qu'elle ne s'est pas comportée comme elle aurait dû, elle n'a pas maîtrisé la situation, peut-être même s'est-elle sentie un peu ridicule. Elle sait maintenant identifier en elle, dans ses pensées et dans son corps, ce petit malaise qui signale le besoin de prendre du temps pour réfléchir et décider ce qu'elle va corriger le lendemain. Ces soirs-là, et seulement ceux-là, elle fait cet arrêt-réflexion-décision avant de se coucher. Quand la décision est clairement prise, elle se couche et elle dort. Notons que dans ces quelques minutes, bien éveillée et en pleine possession de ses moyens, elle règle des situations qui, au milieu de la nuit, exigent une ou deux heures.

Les difficultés de sommeil ont rarement une seule fonction. Il en est de même pour beaucoup d'autres symptômes, en particulier toutes les dépendances. Ainsi pour les fumeurs : quand on a exploré une fonction du tabac cela conduit généralement à en explorer une autre.

Dormir, c'est s'abandonner

Dans les cas d'insomnie, on a toujours intérêt à chercher du côté du besoin de contrôle : dormir, c'est accepter d'être faible, d'être petit, blotti et livré à l'irrationnel dans ses rêves. C'est aussi accepter de laisser une tâche inachevée : ménage imparfait, livre à moitié lu, travail en cours. Dans certains cas, il faudra travailler sur une angoisse fondamentale, une peur de ses propres pulsions et de sa propre production imaginaire et irrationnelle. Et, dans d'autres cas, comme celui de Solange, sur ce besoin de mettre de l'ordre dans sa vie, de planifier et de prévoir au maximum ce qui pourrait arriver.

Parfois enfin, c'est la confiance dans les autres qui est en question. Dois-je toujours tout faire moi-même ou puis-je, à un certain moment, accepter que quelqu'un d'autre prenne la relève ? Ce quelqu'un peut parfois être Dieu, comme pour ce prêtre, terriblement occupé et qui a trouvé un apaisement dans cette prière dite des « complies », qui est justement destinée à être récitée au moment du coucher… et qu'il avait tendance à oublier : « Maintenant, Seigneur, laissez votre serviteur partir en paix… Sauvez-nous quand nous veillons, gardez-nous quand nous dormons… » Quand il a développé en lui l'idée qu'il pouvait poser sa besace, remettre à Dieu son œuvre de la journée, et que ce qui était essentiel pour lui, l'action de Dieu sur le monde, pouvait continuer sans lui, il a pu envisager autrement l'endormissement.

Hervé veut garder son insomnie

Dans les insomnies, on retrouve le même phénomène de fonctions successives. Je ne sais pas ce qui a provoqué le début des insomnies d'Hervé qui, presque chaque nuit, se réveille, lit pendant une heure ou deux, puis pose son livre et se rendort. Je sais seulement que, quand s'est posée la question de traiter ce que l'on peut considérer comme un symptôme, il a découvert qu'il ne souhaitait pas vraiment en être débarrassé : ce temps de solitude et de silence au milieu de sa famille endormie, ce temps de lecture qu'une journée surchargée lui offrait difficilement, Hervé en avait envie et besoin. Il a décidé de garder son insomnie. Cependant, tout n'est pas comme avant : une insomnie subie inquiète, voire angoisse ; une insomnie acceptée, sinon choisie, ce n'est plus du tout la même chose. Voilà une guérison qui en vaut une autre.

Deuxième

Partie

Prendre le risque de la guérison : on a parfois de bonnes raisons d'aller mal

CHAPITRE 5

À quoi sert d'être malade ?

« Je suis la plaie et le couteau !
Je suis le soufflet et la joue !
Je suis les membres et la roue, et la victime,
et le bourreau ! Je suis de mon cœur le vampire… »

Charles Baudelaire, « L'Héautontimorouménos »,
Les Fleurs du Mal.

Le « pour quoi ? » ne s'applique pas seulement à la crainte des réussites professionnelles ou sociales. Il permet aussi de comprendre bien des choses dans les domaines de la maladie, physique, nerveuse, mentale.

« Pour quoi » se donner un infarctus, de l'asthme, une allergie ? « Pour quoi » s'infliger les souffrances de la boulimie, les risques vitaux de l'anorexie ? « Pour quoi », parfois, aller jusqu'à la mort, ou même se l'infliger ?

Quels risques y a-t-il donc à être en bonne santé, à guérir ?

À quoi sert donc d'être malade ?

L'infarctus de Jocelyne

Jocelyne m'appelle d'une clinique psychiatrique où elle est encore hospitalisée. Je lui propose un rendez-vous quelques jours après sa sortie.

Elle arrive accompagnée de son mari : elle ne peut sortir seule, encore moins conduire une voiture ; elle est, dit-elle, une « zombie », angoissée, avec un nœud dans la poitrine ; sa vue se brouille, elle transpire parfois subitement… Son mari la dépose donc à mon cabinet et s'enquiert de l'heure à laquelle il doit revenir la chercher.

Dans les premières minutes de l'entretien je suis impressionnée de l'ampleur et de l'ancienneté de ses problèmes : Jocelyne, qui a 66 ans, est sous antidépresseurs depuis vingt-deux ans. Elle se décrit traînant une vie de fatigue et de migraines, d'envies de rester couchée, d'ennui et de tristesse.

Et pour comble, il y a quelques mois, elle est victime d'un infarctus. L'établissement où elle est alors hospitalisée la confie à une clinique psychiatrique, où elle reste trois semaines. Elle continue à être suivie en ville par un psychiatre de cette clinique.

Et à moi, qui suis psychologue et non psychiatre, que vient-elle demander ? Nourrie des croyances communes sur le travail psychothérapique, elle a une opinion sur ce qui pourrait l'aider à dépasser ses problèmes. Il faut, dit-elle, qu'elle « mette à plat » toute son histoire personnelle et familiale. Et déjà, elle commence : l'égoïsme de son mari, les relations difficiles avec sa belle-famille, des incompréhensions avec ses deux filles... Je comprends qu'elle en a « des tonnes » à me livrer, et que je dois trouver un moyen, sans perdre la qualité de la relation, de l'orienter autrement.

Qu'est-ce qui guérit ?

L'idée que l'on guérit en se racontant, que le psychologue est seulement quelqu'un qui écoute, est fortement répandue. On croit souvent que c'est « la parole » qui guérit, à la limite, n'importe quelle parole. Les gens viennent donc pour parler, s'épancher et livrer tout ce qu'ils ont sur le cœur... c'est-à-dire qu'ils vont tout droit au moyen qui les fera se sentir mieux. Ils oublient qu'avant de choisir des moyens il faut savoir où on veut aller, c'est-à-dire qu'il faut se donner des objectifs pour guérir.

Je pense que si j'avais laissé cette dame continuer à me raconter sa vie et celle de son entourage, nous aurions pu passer ensemble beaucoup d'heures. Elle aurait pu en être contente, trouver que cela lui fait du bien, et mettre longtemps à s'apercevoir que la rumination du passé n'apporte pas grand-chose en terme de changement.

Je lui dis donc que ce qu'elle raconte est important, qu'il faudra y consacrer du temps plus tard, mais que la « mise à plat » en question est un moyen ; et qu'avant de se mettre d'accord sur des moyens, il faudrait être sûre d'avoir bien défini ses buts.

Jocelyne ne sait pas penser à elle

Interrompre la rafale des griefs pour demander : « Que voulez-vous obtenir ? » est en soi une intervention thérapeutique, à condition de respecter certaines précautions. Ne pas signifier : « Ce que vous dites ne m'intéresse pas », mais : « Ce que vous dites est important et nous y consacrerons le temps qu'il faudra... plus tard, mais pour le moment, il y a autre chose que je désire connaître et comprendre. » J'ai pu en faire encore une fois l'expérience avec Jocelyne.

Ce type d'intervention informe la personne sur notre méthode : ce qui met sur le chemin de la guérison, ce n'est pas de raconter les malheurs du passé, c'est de se fixer un objectif et de vérifier qu'il est raisonnablement atteignable. Il faut donc chercher avec quelles aptitudes, quelles ressources personnelles, on va pouvoir l'atteindre.

Joselyne me décrit donc son « état désiré » : « Que j'existe en tant que personne », me dit-elle...

« Et plus précisément, si vous arrivez à ce but, à quoi le saurez-vous ?

– Je penserai plus à moi, je ferai ce que j'ai envie de faire. »

Quelles envies Jocelyne a-t-elle ? Retourner à son cours de gymnastique douce, au yoga, à la bibliothèque... et surtout : « Je pourrai dire "non" sans avoir de remords. »

Elle me décrit alors son éducation et sa vie où il fallait toujours penser aux autres, sa formation d'infirmière présentée et vécue comme un sacerdoce, et quelques situations incroyables dues à sa totale incapacité de refuser un service.

Elle ne « peut pas » dire « non ». Je lui demande donc de préciser ce que signifie pour elle « ne pas pouvoir » : que se passe-t-il à l'intérieur d'elle quand elle envisage de dire « non » ? Je vois sa main se diriger vers l'emplacement de son cœur : « Un gros nœud, là... quelque chose qui serre. » Notons que le mot « infarctus », qui signifie « obstruction », a remplacé dans le langage courant le mot « angine de poitrine », le mot « angine » signifiant littéralement, de même que le mot « angoisse », un « resserrement ».

Je note la modestie et le réalisme de son projet : elle ne demande pas à réaliser un rêve impossible, ne cherche pas à bouleverser sa vie ni celle des autres. Consciente des limites liées à son âge, elle souhaite mener une vie de grand-mère, calme, douce et respectée. Elle note que déjà, depuis l'infarctus, son entourage commence à comprendre qu'elle ne pourra se plier comme autrefois à toutes ses exigences.

Je lui fais alors remarquer que s'il a fallu un infarctus pour qu'enfin ses proches commencent à respecter ses désirs et ses rythmes, il serait peut-être bon qu'elle trouve maintenant des manières moins douloureuses d'atteindre ce but.

Ce **recadrage** de l'infarctus comme un moyen de se protéger des autres et d'elle-même, a été totalement accepté par Jocelyne.

Une autre manière d'envisager la maladie

Il serait outrecuidant d'affirmer que Jocelyne s'est infligée un infarctus *pour* mettre un terme aux pressions internes et externes qui s'exerçaient sur elle. Les aspects médicaux, génétiques gardent toute leur réalité et les médicaments qu'elle prend toute leur importance. J'ai d'ailleurs vérifié que Jocelyne ne prenait pas prétexte d'un traitement psychologique pour quitter ses médecins. Et c'est moi qui ai décidé de mettre l'accent sur l'utilité psychique et relationnelle de son infarctus. Je l'ai fait parce que je sais qu'un recadrage de ce type, s'il est accepté, change fortement la manière de voir de la personne : l'infarctus n'est alors plus perçu comme un accident, mais comme un allié de la partie qui attend une tranquillité intérieure et du respect de la part d'autrui. Donc, au lieu de traiter cette maladie du corps en adversaire avec des propos tels que : « Attention, l'ennemi vous guette, rassemblez vos forces pour lui résister », ce qui est un facteur de stress supplémentaire, il est beaucoup plus judicieux de dire : « Vous avez trouvé ce moyen pour limiter les pressions qui pèsent sur vous, imposées par vous-même et par les autres; c'est en soi un objectif extrêmement valable, mais peut-être faudrait-il trouver maintenant d'autres moyens, afin de ne pas avoir à refaire un autre infarctus. » Cette intervention est d'autant plus acceptable que l'infarctus ne résulte pas d'une agression extérieure : microbe ou virus, mais d'une lésion que l'organisme « se fabrique » tout seul.

Au deuxième rendez-vous, j'ai la surprise de constater que le langage de Jocelyne a complètement changé; elle raconte comment elle a pu imposer son désir face à « l'égoïsme » de son mari : il ne voulait pas faire une visite familiale, et elle lui a répondu qu'il n'était pas question qu'il la sépare de ses enfants et petits-enfants. Elle constate que face à son nouveau comportement son mari a bien pris les choses. Elle a pu dire « non » sans ressentir ce nœud dans la poitrine, mais seulement une minuscule sensation, juste de quoi lui rappeler qu'il y a une petite vigilance à garder. Puis Jocelyne s'entretient des activités qu'elle avait énumérées à la séance précédente. Elle se tient droite et parle clairement, déclarant avec calme et détermination : « Je ne veux pas faire un autre infarctus ! »

L'**état désiré**◆ qu'elle m'avait décrit est atteint, et sans dommage pour elle-même, car elle a une vision réaliste de son âge et des espoirs qu'elle peut entretenir. Sans dommage non plus pour les autres qui sont en train d'apprendre sans trop de difficultés à respecter ses limites.

◆ Voir l'encadré « État présent, état désiré » plus bas.

J'ai cependant un scrupule à lui proposer d'arrêter là : j'ai encore à l'oreille la description apocalyptique de sa vie et son désir de la raconter. En même temps, j'ai l'impression qu'elle n'a plus de demande et que cet entretien traîne un peu. N'osant me fier complètement à mon intuition, je propose un nouveau rendez-vous. Ceci fait, voilà qu'elle me confie, je crois sans s'en rendre compte : « Oh, je ne vais pas appeler mon mari tout de suite, je peux bien me promener un peu toute seule ! Tiens, je vais aller chez le coiffeur ! »

Par la suite, Jocelyne a annulé ce rendez-vous, et les suivants. Elle est satisfaite de son nouvel équilibre de vie.

Bien sûr, je n'ai pas pu lui promettre qu'elle n'aurait jamais un autre infarctus... Je peux seulement être assurée que, sur des réalités physiologiques, elle cesse d'ajouter du stress et de l'angoisse.

La panique de Mireille

À quoi servent les phobies ? À bien des choses... Souvent, avoir peur, une peur « pathologique », permet de ne pas aborder des engagements autrement impliquants.

Mireille est phobique et angoissée. Elle se fait une montagne de tout, s'affole de tout ce que font ses enfants, et surtout, elle ne peut rester dans un lieu fermé sans déclencher des symptômes d'angoisse et de panique : emballement du cœur, bouffées de chaleur... Il en résulte qu'elle ne peut prendre ni train, ni avion, ni bateau, sauf dans un état semi-comateux dû à l'excès de calmants.

Si cet état disparaissait, que ferait-elle de différent ? Elle pourrait accompagner son mari en vacances, pendant ses longues randonnées dans des pays aussi lointains que le Népal. Elle pourrait aussi rendre visite à son père en province ; son père âgé et veuf aurait, dit-elle, besoin d'aide pour un certain nombre de choses. Elle aimerait aller le voir, mais elle est sûre qu'une fois dans le train, elle s'affolera, se bourrera de calmants, puis s'enfuira au premier arrêt pour repartir dans l'autre sens.

Comme à mon habitude, je demande à Mireille de se mettre en pensée dans cette situation, et j'obtiens la description de son état d'angoisse. Puis je lui fait décrire son état désiré, c'est-à-dire l'état interne dans lequel il faudrait qu'elle soit pour rester tranquillement dans son train jusqu'au terminus. Elle me parle d'un état qui combine calme, détermination et certitude d'être à l'endroit où elle doit être pour faire ce qu'elle doit faire. J'utilise alors une technique◆ qui me permet de lui faire revivre la montée dans le train, en associant cet acte à un état de calme et de détermination.

Et une fois calme et déterminée, que se dit-elle ? Que me dit-elle ? Eh bien, Mireille pousse un véritable cri du cœur : « Mais je n'ai pas envie d'aller aider mon père ! Il est parfaitement capable de se débrouiller tout seul. Il ne manque pas d'argent, il peut faire appel à des professionnels pour ce qu'il ne peut pas faire seul ! J'ai envie de rentrer chez moi m'occuper de mes affaires ! »

Difficile de dire « non »

Cet aveu soudain va me mettre sur la voie : Mireille a de grandes difficultés à dire « non ». Actuellement, elle ne dit « non » à personne : elle ne *peut* pas, parce qu'elle est malade. Au fond d'elle-même, elle n'a *pas envie* d'arpenter le Népal au pas de course, elle n'a *plus envie* d'être le factotum de son père, elle n'a plus envie d'être au service du désir des autres et non du sien. Mais en prendre conscience et le dire, c'est entrer en contradiction avec quarante ans de vie dévouée au service de son entourage. Il est moins risqué d'avoir une maladie qui l'en empêche !

Mireille est l'unique fille d'un père précocement veuf, qui fut un homme extrêmement brillant. Doté d'une personnalité envahissante, il a toujours merveilleusement su mettre le monde entier à son service, et il continue à trouver normal que sa fille n'ait rien de mieux à faire que de le révérer et le servir. Elle confie qu'elle a mis ce père « sur un piédestal », et mis en sourdine ses propres désirs pour être sa dévouée servante. Mariée, elle a perpétué cette attitude : elle a renoncé à un métier qu'elle aimait pour élever ses enfants, elle aide beaucoup de gens et reçoit les confidences de toutes ses amies. Mais qui s'occupe de ce qu'elle aime et de ses désirs, de ce qui est important pour elle ? Selon Mireille, personne. Ses « histoires de bonne femme » n'intéressent ni son mari ni ses enfants. Les plaisirs qu'elle attendrait de ses vacances sont choses futiles et sans intérêt pour son mari. Comment se débrouille-t-elle pour que personne ne l'écoute jamais ? Toute son éducation, toutes ses valeurs personnelles, mettent un écran entre elle et ses désirs. Sa seule protection, c'est sa phobie, qui la dispense de dire : « Je veux » ou « Je ne veux pas. »

◆ Celle-ci, connue sous le nom de « Transfert de Ressource », est décrite dans le manuels de PNL, tel celui d'A. Cayrol et J. de Saint-Paul (voir Bibliographie).

Les risques du changement

Il me paraît alors évident que l'on ne pourra traiter efficacement, et surtout durablement, les phobies et les angoisses de Mireille avant qu'elle n'ait renoué avec ses propres désirs et sa capacité à dire « non », et donc aussi à dire « oui ». Car que vaut le « oui » de quelqu'un qui est inapte à dire « non » ? Nous avons donc d'abord travaillé sur cet aspect : l'aider à retrouver ses propres ressources, à s'estimer de nouveau, la convaincre qu'elle a le droit d'être elle-même et que, quand elle l'est, elle est intéressante.

Seulement, Mireille a dû passer par des moments familiaux difficiles : quand une personne évolue, tout un équilibre familial est remis en cause. Ainsi, quand Mireille a commencé à prendre un peu de distance vis-à-vis de son père, celui-ci a renchéri sur ses comportements habituels pour la remettre dans l'ornière : caprices, bouderies, recours aux maladies et désagréments de son âge, pseudo-dépression... Je l'ai aidée à prendre conscience de ce que ces comportements révélaient comme fragilité et immaturité. Elle les considère désormais avec une indulgence amusée.

Mireille n'a pas pour but de devenir indifférente aux réactions des gens qu'elle aime. Elle ne deviendra pas un « glaçon émotionnel ». Mais elle sait aussi qu'elle ne changera pas son vieux père. Elle a acquis un peu plus de souplesse pour faire face aux désirs des autres et mener les négociations nécessaires.

Je pense alors que je peux travailler sur ses phobies, s'il en reste... Et il en reste ! Je suis donc amenée à chercher encore des scènes du passé, et je découvre que Mireille a eu ses premières manifestations phobiques à un moment où elle voulait rompre avec son mari et mettre en péril l'équilibre de sa famille pour réaliser d'autres aspirations. Ce « pour quoi ? » me semble rigoureusement opposé au précédent ! En effet, le premier « pour quoi ? » visait à lui permettre de dire « non » sans que cela ne se voie trop. En voici un deuxième qui, au contraire, l'empêche de dire « non » d'une manière trop risquée pour sa vie amoureuse, sa famille et sa stabilité affective. Deux « pour quoi ? » opposés pour le même symptôme, voilà qui illustre merveilleusement la complexité de l'être humain, et son aptitude à utiliser ce qui se présente au service de ce qui est important pour lui.

Me voici face à cette mission, complexe et passionnante par sa complexité, aider Mireille à faire des choix : dire « non » sans danger pour les relations qui comptent pour elle ; dire « oui » sans trop sacrifier de ses aspirations personnelles. Cette démarche est celle de chacun de nous. Nous avons tous envie de vivre un grand amour *et* d'avoir le maximum de liberté, d'élever nos enfants *et* de faire une carrière passionnante, de rester au lit le matin *et* de contempler le soleil levant sur la montagne. Notre vie n'est qu'une suite de négociations entre des désirs plus ou moins contradictoires. Quand cette négociation devient trop difficile, il peut arriver que nous ayons besoin, au moins provisoirement, d'une phobie qui nous protège des passages à l'acte trop définitifs et trop risqués.

L'asthme d'Alexandre

Un souci permanent

Quand Alexandre vient me voir, il a plusieurs années de psychothérapie à son actif, et il a déjà parcouru du chemin. Il a pris de la distance avec certains problèmes personnels et relationnels. J'en veux pour preuve l'humour avec lequel il se moque des rigidités et des aveuglements de l'homme qu'il était « avant ». Le yoga l'aide également à détendre ce qui lui reste de raideur et de contrôle excessif. Il a une bonne position sociale, une vie familiale heureuse, deux grands enfants intégrés socialement. Il reste cependant des préoccupations :

– un problème relationnel très difficile avec un membre de sa famille, avec lequel il n'arrive pas à prendre le recul nécessaire qu'il a acquis dans le reste de sa vie ;

– un asthme sévère, relativement contrôlé par la cortisone, qui n'empêche pas Alexandre d'être hospitalisé périodiquement, et à chaque fois dans un état alarmant.

L'asthme est un souci permanent pour lui et sa famille : quand un de ses enfants téléphone à la maison, il demande toujours : « Comment va Papa ? », en faisant toujours référence à l'asthme. Il en est de même avec moi. Quand il me dit : « Ça va », ou « Ça ne va pas très bien », c'est toujours de l'asthme qu'il parle. Ignorant à quoi il est allergique, il a tendance, quand il est en difficulté, à chercher une cause toujours différente : ce doit être l'humidité de l'hiver, la chaleur de l'été, la pollution, le printemps...

Je préfère ne pas m'attaquer directement à l'asthme, quitte à aborder plus tard ce symptôme. En partie parce que les procédures directes enseignées par Robert Dilts, psychothérapeute américain◆, contre les allergies

◆ Voir Bibliographie.

supposent qu'on connaisse l'agent déclencheur. Surtout parce qu'il me semble que les aspects relationnels et la personnalité d'Alexandre sont à prendre en compte en priorité.

Une solution : le « lâcher-prise »

J'évoquerai seulement le « mot de la fin » de ce travail, car c'est à son occasion qu'apparaît un élément démonstratif quant au sujet qui nous occupe.

À ce moment-là, cela fait dix mois qu'Alexandre n'a plus de manifestation asthmatique importante, après une crise particulièrement grave et sans que j'aie tenté une intervention spécialisée. Il ne prend plus régulièrement de cortisone et ne subit plus que des « petites alertes » qu'il soigne avec, dit-il, un « dixième de la quantité » qu'il prenait autrefois. La question de la durabilité d'une telle évolution se pose : comment savoir si la thérapie est terminée ? Faut-il chercher un arrêt total du symptôme, ou se contenter de ce résultat partiel, mais considérable ? Faut-il craindre une rechute, au risque de la guetter ?

Et puis, un événement fait reconnaître qu'un vrai travail a été accompli, du moins quant à la question de l'asthme.

Alexandre avait appris, grâce au yoga, à accepter peu à peu ce qu'il appelait un « lâcher-prise ». Mais le yoga est, paradoxalement, un lâcher-prise commandé par la volonté : je m'ordonne à moi-même mon lâcher-prise, je contrôle mon absence de contrôle.

Or, voici qu'Alexandre ressent une nouvelle manière d'être : il est en train de « lâcher prise sur son lâcher-prise ». En effet, il dit vivre une expérience totalement inédite : lui qui a tant contrôlé – lui-même, sa famille, ses collaborateurs –, voilà qu'il éprouve un sentiment de vacance et de disponibilité qu'il n'avait jamais ressenti jusqu'ici. Pour la première fois, il a passé des congés chez lui sans rien prévoir ni rien organiser, se montrant simplement ouvert aux occasions qui se sont présentées. Cette sensation est agréable, mais une inquiétude demeure : comme ce n'est pas lui qui l'a commandée, saura-t-il garder ou faire revenir à bon escient cette sensation de bien-être ? Il me parle alors du « lâcher-prise commandé » que le yoga lui a appris. Il est maintenant dans un « lâcher-prise lâché ». Je lui suggère que cette expérience, plutôt que d'être vécue sur un mode inquiétant, signifierait qu'il est temps pour lui de faire confiance à son inconscient. Il sourit et me répond que ce n'est guère dans ses habitudes, puis il reconnaît que lorsqu'il a fait confiance à son intuition, il a pu régler des situations avec efficacité et économie d'énergie… Et finalement, il fait un rapprochement auquel ni lui ni moi n'avions pensé : « Cet état de vacance et de disponibilité, de relâchement et d'abandon, je ne l'ai vécu que dans un seul type de circonstances : à l'hôpital, après mes crises d'asthme. »

Voici un exemple de fonction écologique découverte après-coup… Aurais-je pu la découvrir plus tôt ? Peut-être que cela aurait aidé Alexandre à envisager plus rapidement son asthme, non comme un ennemi, mais comme un allié qui a de bonnes intentions, même s'il ne s'y prend pas très bien pour réaliser cette intention. Nul ne peut le savoir. Et si les thérapies actuelles reposent sur des bases scientifiques reconnues, le clinicien doit aussi, dans l'immédiateté de sa tâche, se fier à son expérience et à son discernement pour choisir un angle d'approche du problème. Dans notre cas, satisfaisons-nous du résultat positif et encourageant survenu au cours de notre travail : Alexandre n'a plus besoin de crises d'asthme pour prendre des vacances.

Le psychisme et le corps

L'utilité de la maladie

Revenons sur le « pour quoi ? ». Notre commentaire sur l'utilité de la maladie n'est pas objectivement plus vrai qu'un autre ; notre intervention répond seulement à des fonctions précises dans le contexte psychothérapique où nous nous situons :

– Elle replace dans le domaine de la pensée ce qui était perçu comme étant du domaine de la pathologie médicale. Quand on voit comment une personne atteinte d'une maladie aussi grave qu'un infarctus est facilement dépossédée de la responsabilité de son corps (en particulier à l'hôpital), lui en faire prendre conscience, c'est aussi mettre de la responsabilité (à ne pas confondre avec culpabilité) dans la vie de la personne : ses pensées sont à elle, elle peut décider de les livrer ou de les garder, elle peut aussi en changer, avec ou sans aide extérieure.

– Elle permet aussi d'aborder la maladie non plus en ennemi, mais en « ami » qui, comme l'ours de la fable◆, s'y prend mal pour arriver à ses fins. La personne apprend ainsi à traiter en allié toutes les parties d'elle-même.

◆ « L'ours et l'amateur des jardins » est une fable de Jean de La Fontaine : pour écarter une mouche du visage de son ami, un ours lance un pavé sur la tête de ce dernier, et en écrasant la mouche importune, fracasse aussi la tête de l'homme…

Le lien entre pensée et maladie

La question de l'origine psychique, ou de la part du psychique dans l'apparition de certaines maladies, est un sujet scientifiquement complexe. Personne ne nie que des pensées modifient les réactions du corps : une pensée peut nous faire rougir, pâlir, vomir... une pensée serre l'estomac ou modifie le rythme du cœur, sans oublier les changements plus ou moins visibles que déclenchent sur le corps les pensées amoureuses. Réciproquement, l'état de notre corps agit sur nos pensées, par l'intermédiaire de ce qu'on appelle l'« humeur ». Ces interrelations sont fortes et étroites. À conclure que des pensées, conscientes ou non, déclenchent des maladies physiques, n'est pas invraisemblable ; mais en établir la preuve est délicat. D'un point de vue scientifique, on ne peut se contenter de coïncidences maintes fois racontées : la femme atteinte d'un cancer à l'âge où est morte sa propre mère, comme si une auto-prédiction se réalisait, ou le veuf qui s'est promis de tenir bon jusqu'à ce qu'il ait fini d'élever ses enfants, et qui tombe malade juste après le mariage du dernier.

Si valider scientifiquement ces affirmations est difficile, même si un grand nombre de publications traitent des interactions entre pensée et maladie, la prise en compte de l'**effet placebo**, qui est typiquement un effet de la pensée sur le fonctionnement du corps, est intégrée depuis longtemps dans la recherche pharmaceutique.

L'EFFET PLACEBO

C'est l'effet produit sur un patient par le seul fait d'être pris en compte et soigné. Il peut donner à croire qu'un médicament est physiologiquement efficace, alors que l'amélioration est de nature purement psychologique et / ou relationnelle. D'ailleurs, pour étudier l'effet d'un médicament, on pratique une expérimentation dite en « double aveugle » :

– on administre un traitement à un certain nombre de personnes. Certains reçoivent le produit, d'autres une imitation sans action chimique (eau colorée, sucre, mie de pain...), qui est le **placebo** ;

– chaque patient ignore si on lui donne le vrai médicament ou le placebo ;

– la personne qui administre le traitement l'ignore aussi, afin qu'elle ne transmette pas de messages inconscients sur ce qu'elle sait.

Dans ces conditions particulières, si les personnes traitées par le « faux » produit guérissent en même proportion qu'avec le « vrai », c'est que ce dernier n'a pas d'action physiologique, et ne doit son efficacité qu'à l'effet placebo.

Ce sujet est donc infiniment complexe. Pourtant, du point de vue du clinicien et du psychothérapeute, il n'est pas nécessaire d'attendre les résultats d'une recherche médicale pour constater ceci : apporter sur les maladies un autre sens que le système de causalité classique aide les gens à vivre, à progresser, et à se réconcilier avec la partie d'eux qui les fait souffrir.

Dans l'opinion courante, les causalités universellement admises sont ambiguës. Si quelqu'un est malade, on pense à une agression extérieure (microbe, virus...) ; et en même temps, on dit d'une personne enrhumée qu'elle a « pris froid », signifiant par là que le virus n'est pas actif auprès de n'importe qui, dans n'importe quelles circonstances. On sait également qu'aussi désagréable que soit la fièvre, celle-ci a une fonction dans la défense contre l'agression. Ainsi, la fonction du symptôme est en partie reconnue mais ses liens de causalité avec la maladie sont perçus par chacun comme variés et complexes. D'ailleurs, même si l'agresseur pathogène est identifié, la plupart des médecins s'accordent à dire que le stress et les facteurs psychiques jouent aussi un rôle dans le développement des ulcères, des mycoses, des allergies... Ainsi, un homéopathe a dit à l'une de mes clientes, à peine sortie d'une sérieuse dépression, qu'il pensait pouvoir juguler sa forte crise d'eczéma, mais que cela risquait de la replonger dans une dépression similaire, voire plus grave. Merci à ce médecin qui m'a permis de traiter cet eczéma pour ce qu'il était, c'est-à-dire comme l'expression d'une tension qui a disparu dès qu'elle a été entendue et prise en compte.

Dans cet enchevêtrement de causalités possibles, le psychothérapeute en choisit une, non pas arbitrairement, mais dans un but concret : c'est avec celle-là qu'il pourra travailler. Et il va s'intéresser, non pas à l'aspect **cause**, mais à l'aspect **fonction** du symptôme.

On ne peut aborder psychologiquement le domaine des affections du corps sans aborder la question de la mort. Se peut-il que des gens obéissent jusqu'à la mort à un fantasme, à une prédiction ou à une mission dont l'effet soit : mourir au même âge que leur mère, ou suivre leur conjoint dans l'Au-delà ? C'est la thèse de certains auteurs, comme C. et S. Simonton ou Anne Ancelin-Schutzenberger◆, qui multiplient les exemples de ce type. Nous savons cependant qu'un exemple ou une mul-

◆ Voir l'encadré ci-contre et la Bibliographie.

PRINCIPES DES SOINS PSYCHOLOGIQUES PRODIGUÉS AUX PERSONNES ATTEINTES DE CANCER OU D'UNE AUTRE MALADIE GRAVE

Carl Simonton, médecin cancérologue canadien, et sa femme Stéphanie, psychologue, se sont intéressés aux différences entre les gens qui mouraient d'un cancer et ceux qui guérissaient. Ils ont découvert des liens statistiques entre la quantité d'agressions, de stress, de deuils que subit une personne et le déclenchement d'un cancer. Ils ont constaté que ceux qui ont des rémissions longues (en terme de cancer, on ose rarement employer le mot « guérison ») :

– pratiquent un sport ou une autre activité pour le plaisir ;
– ont su se créer un réseau de sympathie et d'entraide ;
– ont un projet, une chose importante à réaliser ou à terminer (éducation d'un enfant, maison à construire...).

Ils ont révélé l'importance des **prédictions** que la personne se fait à elle-même, ou que l'entourage ou le corps médical lui imposent.

Ils ont ainsi mis au point un traitement psychologique qui comporte :

– la recherche des causes historiques de la diminution de la résistance au cancer ;
– la relaxation, pour rechercher la paix intérieure et pour lutter contre l'angoisse ;
– la visualisation : la personne imagine et se représente, sous la forme qui lui convient, ses cellules en lutte contre la tumeur ; puis elle s'imagine guérie, allant bien et menant une vie agréable.

Anne Ancelin-Schutzenberger a introduit et développé ces méthodes en France, en les enrichissant de son expérience de psychanalyste et de psychodramatiste, en particulier dans la recherche des **bénéfices secondaires** (le « pour quoi ? ») de la maladie.

Robert Dilts a développé l'étude de l'action de nos **croyances** sur notre santé. Il note que malgré les **ressources** mentales qui pourraient nous faire accéder à l'**état désiré**, nos croyances créent des interférences qui peuvent ruiner nos efforts les plus sincères pour atteindre notre but. Nos croyances peuvent ainsi concerner :

– les causes d'une affection ;
– le sens d'une maladie : avoir un cancer, qu'est-ce que ça signifie, sur moi, sur la vie ?
– l'identité du sujet : « Je ne vaux rien » ; « Je ne peux pas faire ça, ce ne serait plus moi » ; « Je suis un cancéreux » ; « Je suis une personne bien vivante qui lutte contre un cancer. »

Si nous croyons qu'un but est représentable et accessible, notre comportement, nos représentations et notre physiologie seront différents de ce qu'ils seraient si notre croyance était que l'on ne peut rien espérer.

titude d'exemples n'a pas valeur de démonstration. Ces auteurs décrivent pourtant le cas de nombreux patients qui arrivent à inverser le cours d'une maladie grave après la prise de conscience du réseau de croyances qui accompagnait cette maladie. Le livre de Robert Dilts◆, *Croyances et santé*, qui débute sur la manière dont il a aidé sa propre mère à surmonter un cancer, montre, de manière convaincante, comment s'établissent les liens entre la santé du corps et le système de pensées ou de croyances régissant nos choix de vie. Il raconte ainsi, qu'avant de tomber malade, sa mère, infirmière très dévouée et surmenée, « mourait d'envie » de prendre des vacances. Certaines personnes, de par leur éducation, leurs convictions personnelles ou les pressions de leur entourage, peuvent en effet se convaincre que rien n'autorise le repos, rien d'autre que la maladie et la mort. Il serait abusif d'affirmer qu'elles se sont rendues malades *pour* se reposer, mais l'expérience montre que la mise à jour de ce lien aide à guérir ou à obtenir des rémissions chez certaines personnes.

La maladie et les liens familiaux

Le psychothérapeute sait que dans le domaine du psychique, il n'y a pas de lien de cause-effet simple et unique. Son travail ne consiste pas à démêler tous ces liens, mais à mettre l'accent sur celui qui va donner à penser et remobiliser l'énergie de la personne. Or, il est manifeste que la femme qui découvre qu'elle a enclenché son cancer au même âge que sa mère et que le père qui fait le rapprochement entre sa maladie et la prise d'autonomie de ses enfants, vont être alors aptes à s'interroger : y a-t-il là une fatalité ? Est-ce que les autres m'aiment et désirent que je vive ? L'histoire de mes parents est-elle la mienne et quel poids doit-elle avoir dans la mienne ? La fidélité à mes croyances, à mon rôle familial, à un souvenir, doit-elle inexorablement passer par cette voie, ou en existe-t-il d'autres ? Il ne s'agit donc pas pour nous de disqualifier le lien fort qui a été mis au jour, mais de permettre que d'autres liens soient explorés, ce qui aidera la personne à trouver d'autres solutions que la maladie.

◆ Voir l'encadré plus bas et la Bibliographie.

CHAPITRE 6

L'empreinte des souffrances passées

« Les malheurs du passé
ne sont plus des malheurs,
mais seulement du passé. »
Marek Halter, *Le Messie.*

« Souffrir passe,
avoir souffert ne passe pas. »
Louise, fille de Louis XV.

Le comportement obsessionnel d'Alain

Alain, pour des raisons professionnelles, ne vit pas dans la même ville que son amie : le vendredi après le travail, il saute dans sa voiture pour la rejoindre.

Il évoque une petite difficulté qu'il a, dit-il, seulement dans les moments de fatigue. Quand il est en forme, il quitte son studio le vendredi matin, après avoir fermé robinets d'eau, de gaz, etc., et il s'en va gaiement à sa journée de travail, pensant déjà aux retrouvailles du soir. Quand il est moins en forme, il a un comportement qui le surprend lui-même : il sort, ferme la porte à clé, fait quelques pas dans le couloir de l'immeuble, puis éprouve le besoin de retourner vérifier que tout est correctement fermé. Il constate que tout est en ordre, ressort, referme la porte à clé, refait quelques pas, et de nouveau retourne vérifier… puis il part à son travail, l'esprit à peu près apaisé.

Je commence par m'assurer que, dans les faits, il a toujours trouvé tout en ordre chaque fois qu'il a fait sa vérification. C'est en effet là que commence le souci d'une recherche écologique. Après tout, des gens étourdis ont intérêt à retourner voir ce qu'ils ont laissé : manifestement, ce n'est pas le cas.

Je lui propose donc de se mettre dans la situation, en étant attentif à ce qui se passe à l'intérieur de lui :

« Vous avez fait ce que vous aviez à faire, vous passez la porte, vous fermez, vous vous engagez dans le couloir... que se passe-t-il maintenant ?

– Ça me dit : va voir si tout va bien. »

Je note le « ça », qui n'est pas vraiment un sujet.

« Avec quelle voix ? »

Alain penche un peu la tête, il écoute à l'intérieur de lui :

« C'est la voix que j'avais quand j'étais plus jeune.

– Demandez à cette voix quel âge elle a. »

Un instant de silence, puis :

« Vingt ans.

– Parlez-moi de vos vingt ans. »

Le visage d'Alain s'éclaire, et il s'exclame :

« Oh, c'était une période très riche pour moi, et très dure en même temps : j'étais en grand conflit avec mes parents, et aussi avec ma sœur... »

Je fais alors confiance à ce que je vois du visage d'Alain, et décide de m'attacher plutôt au côté « riche » qu'au côté « dur » :

« Ah, et comment vous en êtes-vous sorti ?

– Oh, de manière très simple, dit Alain avec un rire, je suis parti !

– Vous êtes sorti, vous avez fermé la porte derrière vous, et vous êtes parti.

– Oui, c'est ça. »

Voilà un exemple de « pour quoi ? » ancien et, qui plus est, s'avère périmé : il y a quinze ans, Alain a pensé devoir, pour sauver son équilibre personnel, quitter une famille en conflit. Mais une voix intérieure lui disait : « As-tu le droit de sauver ta peau sans te préoccuper de ce que tu laisses derrière toi ? Ne devrais-tu pas revenir vérifier que tout va bien ? »

La résurgence des voix du passé

Alain mène une vie heureuse. Il a réussi professionnellement, sa vie affective le satisfait ; et la réalité présente a mis cette voix intérieure en arrière-plan. Cependant, quinze ans après, cette voix est mise en sourdine, mais n'est pas débranchée ! Tout se passe comme si on avait oublié de la prévenir que personne n'avait plus besoin d'elle. Affaiblie, recouverte par d'autres préoccupations plus actuelles, elle attend que les circonstances lui permettent de s'exprimer de nouveau. Cette circonstance, ce sera la fatigue physique ou nerveuse. C'est l'inadéquation entre ce que commande cette voix et la réalité actuelle qui pose problème à Alain.

Tout se passe comme si une certaine strate de son psychisme n'avait pas été prévenue des changements survenus entre-temps. Elle continue donc son activité, qui se voit simplement mise au second plan par des expériences plus récentes, qui forment comme une nouvelle couche sédimentaire au-dessus de l'ancienne. Si la couche supérieure est provisoirement désactivée, soit par une baisse de vigilance due à la fatigue, soit par un événement psychique particulier, soit par une technique spécifique (hypnose, sophrologie...), la couche « fossile » reprend vie et pouvoir.

Dans le cas d'une jeune femme que j'ai reçue, c'est une grossesse, désirée au niveau conscient, qui a balayé la couche supérieure. Elle vit heureuse avec un mari qu'elle aime, leurs conditions matérielles sont correctes; ils ont décidé ensemble d'avoir un enfant, mais subitement elle déprime et s'angoisse, ne sachant plus si elle pourra assumer son rôle de mère. L'entrée en contact avec une des couches inférieures – son histoire personnelle, réelle ou construite, d'enfant non désirée – a permis à son psychisme de comprendre qu'il y avait deux histoires différentes, celle d'autrefois et celle de maintenant.

Dans ces deux cas, il s'agit de « prévenir » la couche plus profonde, avec respect et considération, qu'elle a autrefois rempli une fonction, mais que maintenant elle peut se reposer.

Nous retrouvons là des phénomènes psychiques mis au jour et développés par la psychanalyse : la couche inférieure n'est pas vraiment fossilisée : elle bouge encore ! Parfois elle se manifeste en permanence, comme un volcan qui donne passage au feu intérieur; d'autres fois, elle attend une baisse de la solidité de la couche supérieure pour déclencher une petite fissure ou un grand séisme.

Les modes d'expression particuliers de l'inconscient

Cette activité de la pensée souterraine ne se manifeste que rarement sous une forme directement lisible. Elle utilise le plus souvent des modes d'expression que Freud a décrits comme étant ceux des rêves, et plus généralement ceux de l'inconscient : la figuration d'une pensée par une image concrète. Par exemple, dans un rêve, l'idée « position élevée » sera représentée par l'image d'une haute tour... Le rêve est une métaphore, c'est-à-dire qu'il représente et illustre une idée, une pensée, par une image.

On peut ainsi dire que l'ancienne pensée d'Alain s'est déposée dans la partie de son psychisme qui s'exprime par métaphores : ce qu'on a pris l'habitude d'appeler, après Freud, l'inconscient. L'idée qu'il était coupable de préférer son équilibre personnel à un hypothétique sauvetage de l'équilibre familial a été, selon le terme classique de la psychanalyse, « refoulée »; car à l'époque, Alain avait à faire des choix importants pour lui, dévoreurs d'énergie, et il ne pouvait se payer le luxe de combats intérieurs et d'ambivalence. Ensuite cette pensée a été recouverte par d'autres expériences, dans l'ensemble positives. Mais elle a semé, sur son chemin, les cailloux du Petit Poucet : un symptôme, une voix intérieure, et une image. L'injonction : « Va donc vérifier que ta famille n'est pas débordée par l'agressivité et le malheur » devient : « Va donc vérifier que le lavabo ne déborde pas. »

La psychanalyse fonctionne depuis environ un siècle sur cette découverte : les adultes, par leurs rêves et leurs associations, et les enfants, par leurs jeux et leurs dessins, permettent à l'inconscient d'adresser des messages sous une forme cryptée et métaphorique.

Ce qui est intéressant dans le cas d'Alain, comme dans bien d'autres, c'est que cette expression métaphorique survive au problème qui l'a créé : il y a longtemps que sa famille s'est remise de son départ, que les conflits sont apaisés et que chaque membre de la famille a trouvé un équilibre suffisant : l'Alain de vingt ans n'a pas été prévenu. Mais maintenant que cet Alain de vingt ans a accepté de nous parler, il est accessible et il va être relativement facile de le mettre au courant.

Ce sera fait en racontant une histoire, dans laquelle il sera question d'un plant de tomate et d'un terreau qui transforme les déjections du passé en nourriture pour l'avenir, et que l'on peut jeter quand il a rempli sa fonction. Plutôt que de lui expliquer doctement que le passé était le passé, ce que son intelligence consciente sait parfaitement, j'ai préféré m'adresser directement à son inconscient dans le langage qui lui est propre : celui de l'image, du conte et de la métaphore.

Le cas des traumatismes

On ne peut évoquer la résurgence des douleurs passées sans évoquer les traumatismes, tels que peuvent les vivre les victimes d'attentats ou de catastrophes. Il peut s'agir d'une agression unique, comme un attentat, un viol, ou d'une suite ininterrompue d'agressions, comme la maltraitance, ou une prise d'otages. Dans tous les cas, se pose la question de l'entretien dans le présent d'un malheur qu'on pourrait considérer comme appartenant à un passé révolu.

En effet, si la victime d'un attentat ou d'une agression se disait : « Ouf, c'est fini, passons à autre chose », et le faisait vraiment, elle ne serait pas traumatisée. Elle aurait juste eue un malheur dans son histoire, malheur qui ferait maintenant partie de son expérience. Certaines personnes réagissent ainsi; mais nous savons que beaucoup d'autres sont la proie d'angoisses, de cauchemars et de dépressions. Qui entretient le malheur en elles? Même si elle paraît choquante, la seule réponse possible est : elles-mêmes. On peut donc supposer qu'il subsiste au fond de ces gens une bonne raison de remettre en permanence au présent le malheur passé. Alors même qu'une partie d'eux, consciente et soutenue par l'entourage, cherche l'oubli, une autre partie perçoit cet oubli, ou simplement la mise au second plan de ce souvenir, comme un risque pour le psychisme. Quel est ce risque?

N'ayant pas une pratique suffisante avec ce type de clientèle, je ne peux que soulever des hypothèses, en terme de « pour quoi? ». Quel but peut avoir la part de moi-même qui entretient le traumatisme? Peut-on faire des hypothèses générales, ou faut-il chercher un but différent pour chaque cas? Peut-on mettre à jour des points communs?

Peut-être le psychisme tente-t-il de trouver sans cesse une réponse à la question : « Pourquoi, pourquoi moi? » Nous avons dit combien il était important, avant de tourner une page de notre histoire, quelle qu'elle soit, d'en tirer des leçons qui feront partie de nous et que nous appelons « notre expérience ». Mais parfois, des malheurs tombent aveuglément sur nous parce que nous nous trouvions au mauvais endroit par hasard ou parce nous portions un certain nom à une certaine période de l'histoire. Ils échappent alors indéfiniment à nos tentatives de leur donner un sens, ce qui permettrait de les intégrer à notre histoire personnelle. Notre psychisme essaie pourtant en se disant : « La prochaine fois sera la bonne. » Notre cerveau se bloque, bute contre un mur qu'il ne peut franchir et ne peut passer à autre chose.

La pensée magique

Peut-être s'agit-il de cette part de nous-même qui fonctionne encore à la manière des petits enfants, lesquels remontent le temps sans état d'âme, pour refaire l'histoire comme il leur convient : « Pan, t'es mort… allez, t'es plus mort… » C'est ce que l'on appelle la **pensée magique**, à laquelle nous ne croyons plus mais dont nous restons un peu nostalgiques. Elle suppose qu'il suffit de dire ou de penser une chose pour qu'elle arrive. Cette pensée pourrait mener la tentative désespérée de remonter le temps, pour refaire l'histoire autrement, une histoire où nous aurions été ailleurs au moment du choc. Chacun de nous a en effet tendance, quand une situation est trop difficile à supporter, à faire appel aux fonctionnements psychiques de son enfance, auxquels il a en principe renoncé en grandissant. On parle alors de **régression** et de **pensée archaïque**. La pensée magique est l'un de ces fonctionnements archaïques.

PENSÉE MAGIQUE, PENSÉE ARCHAÏQUE, RÉGRESSION

Le tout-petit enfant paraît avoir un fonctionnement mental spécifique, qui a été décrit par Melanie Klein (citée en Bibliographie).

Quand un nouveau-né est comblé, bien nourri, propre et bercé, il vit un bonheur total avec sa mère (ou la personne qui en tient lieu). Il la perçoit comme totalement bonne et il est tout amour pour elle. Quand il est laissé seul, en proie à la faim, à l'inconfort d'une couche sale, il ressent une haine totale envers celle qu'il perçoit comme une mère haïssable. Il voudrait la mordre, la déchirer. Son psychisme fonctionne comme s'il croyait avoir deux mères, l'une toute bonne, l'autre toute mauvaise. Quand l'une est présente en réalité ou dans ses représentations, l'autre est loin. Cette séparation entre « bonne mère » et « mauvaise mère » rend compte du succès des contes de fées et de sorcières.

Plus tard, l'enfant devra admettre que ses deux mères n'en sont qu'une, imparfaite. Il devra affronter le fait qu'il a haï et voulu détruire la personne qu'il aime. Il découvrira l'ambivalence et la culpabilité. Il s'en sortira si ses bonnes expériences, riches en émotions positives et en bonne image de lui, sont suffisamment nombreuses et fortes pour lui permettre de « réparer » les moments d'attente et de frustration.

Pour s'aider lui-même, il développe dans son imaginaire la capacité de visualiser mentalement le retour de sa mère, en se faisant croire qu'il a le pouvoir de la faire revenir par sa seule pensée.

Ce fonctionnement repose sur une illusion et un fantasme de toute-puissance : « Rien ne me limite, je n'ai qu'à penser pour que ma pensée se réalise. » Ce fantasme devra être contenu par les parents. Ils auront à opposer à l'enfant, dans une atmosphère affective sécurisante, le fait que son entourage lui résiste, et que c'est bon pour lui. C'est seulement quand il acceptera suffisamment – en passant par bien des colères – ces limitations, qu'il développera l'envie d'apprendre, de comprendre et de se faire comprendre.

L'enfant qui grandit, l'adulte confronté aux difficultés de la vie, auront tendance à retourner à ces fonctionnements qualifiés d'**archaïques** :

– Le **clivage** sépare les bons des méchants sans nuance et sans réalisme : les barbares, les infidèles, les étrangers, les « pas comme nous », vont porter tous les défauts du monde. Ils nous permettent de nous sentir dans le clan des « totalement bons ».

– La **pensée magique** nous fait croire qu'il suffit d'évoquer une chose pour qu'elle se produise, ou de ne pas penser à une chose et de ne pas en parler pour qu'elle n'existe pas; ou bien qu'un rituel quelconque, une phrase magique, vont forcer le destin à se plier à nos désirs.

Ces retours à des pensées de type archaïque sont regroupés sous le terme de **régression**. Ils se manifestent :

– chez l'enfant qui, n'ayant pas fini de grandir, a besoin de se réfugier de temps en temps dans le confort que procure ce genre de fonctionnement (« Si j'arrive à l'école sans avoir marché sur les joints du trottoir, j'aurai une bonne note à ma dictée »);

– chez l'adulte, dans des situations trop dures à vivre (guerres, camps de concentration...);

– dans des phénomènes de foule (émeutes, pogroms, nazisme, sectes...);

– dans l'exaltation amoureuse, mystique ou artistique;

– dans certains moments de psychothérapie (hypnose, psychanalyse...);

– dans des circonstances qui suscitent des plaisirs et des sentiments élémentaires (cinéma, bandes dessinées, jeux vidéo);

– dans certaines pathologies (psychoses, troubles de développement de la personnalité).

Le cerveau des images, le cerveau du raisonnement

Cette analyse est proche de celle que proposent les praticiens de l'EMDR◆. En effet, l'expérience traumatique bloquerait le fonctionnement du cerveau dans la partie qui ne connaît que l'émotion, l'image, l'histoire racontée ou rêvée (celle qui est traditionnellement baptisée « cerveau droit »). Le relais n'est plus assuré par l'autre partie du cerveau (cerveau gauche), celle qui habituellement, dans les heures, les jours ou les mois qui suivent un trauma, met des mots, de la pensée, du raisonnement sur ce qui s'est passé. On aboutit ainsi, selon la nature et la gravité de l'événement, à des conclusions de bon sens : « C'est passé, je suis maintenant en sécurité », « C'est mon agresseur qui est coupable et non moi » ou à des décisions : « La prochaine fois, je m'y prendrai autrement »; voire, dans certains cas, à la relativisation du problème : « Finalement, ce n'était pas si grave. » La technique employée alors par l'EMDR aurait pour effet

◆ « *Eyes Movement Desensiting and Reprocessing* », technique découverte et enseignée par Francine Shapiro, psychiatre américaine, et basée sur l'utilisation des mouvements rapides des yeux.

de « rebrancher » le contact entre ces deux parties du cerveau, après quoi celui-ci continue lui-même le travail qui mène à la guérison.

L'identité de victime

Enfin, on connaît des cas où le statut de victime est le seul qui nous reste. Mieux vaut un statut difficile que pas de statut du tout. D'autant que le statut de victime ne présente pas que des inconvénients. Les thérapeutes qui travaillent, par exemple, auprès d'anciens combattants américains du Viêt-nam, rencontrent cette difficulté : ces hommes traumatisés dans leur corps et leur cœur, revivant continuellement des scènes d'horreur, ont un milieu de vie, un encadrement médico-social (sans parler d'une pension) liés à leur traumatisme. Ils se réunissent entre vétérans, entre traumatisés, pour boire ensemble et évoquer les histoires du passé. C'est parfois leur seule vie sociale. Si, une fois le passé rétabli à sa place de passé, cette occupation ne les intéressait plus, ils pourraient perdre leur vie de groupe et leur place dans la société. Ils n'ont plus forcément l'âge et l'énergie qui leur permettraient de reconstruire une autre vie.

Une personne qui plonge dans la maladie mentale pendant son adolescence ou sa jeunesse et qui, après un long traitement, peut être considérée comme guérie, peut vivre une expérience similaire. Durant sa maladie, ses amis ont continué à évoluer, ont fait des études et entamé une carrière, ils se sont mariés et ont eu des enfants. Se retrouvant sans amis, sans rôle professionnel gratifiant ou sans conjoint, cette personne peut être tentée de recouvrir la seule identité qui lui reste, celle de « malade mental », en rejoignant la seule communauté qui l'accepte, la psychiatrie.

CHAPITRE 7

Souffrir pour faire souffrir

> « La colère chez les bons cœurs,
> n'est qu'un besoin pressant de pardonner. »
>
> P. de Beaumarchais, *La Mère coupable.*

La boulimie d'Amélie

Le symptôme principal que met en avant Amélie est sa boulimie. Elle a 20 ans, elle est étudiante. Elle me décrit son père comme un tyran caractériel, infantile, machiste, et sa mère comme une victime... Rappelons-nous que nous n'avons pas besoin de vérifier la conformité de ce père avec ce portrait, qui est la représentation que sa fille éprouve actuellement le besoin de me communiquer. Amélie m'explique comment son père a honte lorsque, au cours d'une réception ou d'une fête familiale, sa fille se jette goulûment sur le buffet et dévore tout. Il n'est pas nécessaire d'aller plus loin pour repérer le « pour quoi ? » : il est dans cette phrase. Amélie veut faire souffrir son père, se venger. Je tente de lui faire entendre qu'à 20 ans, plutôt que de s'échiner dans un combat contre son père, elle est en droit de dire à ses parents : « Voilà, je suis grande, je vous laisse au bord du chemin et je continue. » Elle me répond qu'elle ne « se sent pas » de dire à son père : « Tu es trop bête, je continue sans toi. » Il est évident que si Amélie perçoit sa phrase comme équivalente à la mienne, elle ne pourra laisser son père à ses problèmes personnels sans culpabilité. Pour dire à ses parents : « Vous avez fait pour moi tout ce que vous pouviez faire, je vous en suis reconnaissante et je vous quitte pour accomplir ce que mon âge, mes ressources personnelles et l'éducation que j'ai reçue vont me permettre d'accomplir », il faut avoir avec ceux-ci une bonne relation affective ; c'est-à-dire une histoire commune où chacun a su dépasser les inévitables colères et ressentiments et exprimer les sentiments positifs envers l'autre. Il faut surtout être suffisamment sûr qu'on laisse ses proches dans un bon état psychique. Si ces conditions ne sont pas remplies, la séparation est trop culpabilisante et ne peut se vivre que dans l'agressivité ou pas du tout. Avant d'entamer un travail d'évolution personnelle, Amélie a un deuil à faire : celui du rêve de changer ses parents. Il va falloir qu'elle sépare dans sa tête sa capacité de grandir et d'évoluer et un utopique projet, changer ses parents.

Changer nos parents

Oserai-je affirmer que c'est un des deuils les plus difficiles que chacun de nous ait à faire ? Tant que nous rêvons de changer nous parents, nous risquons d'y gaspiller une énergie que nous pourrions consacrer à notre propre chemin. On voit ainsi certaines personnes se livrer à des combats violents et quotidiens pour faire adopter des comportements nouveaux à une mère de 90 ans, ou lui faire reconnaître des torts sur quelque chose qui s'est passé il y a 50 ans et qu'elle a complètement oublié. Pour beaucoup de gens, renoncer à changer ses parents équivaut à renoncer à les aimer. Peut-être n'ont-ils pas tort : peut-on aimer quelqu'un, ou simplement être en relation avec lui, sans avoir envie d'exercer une influence sur lui ? Il n'est pas sûr que ce soit possible. Renoncer à influencer quelqu'un serait le traiter comme s'il n'était pas réellement vivant, flexible et capable d'évolution. Chacun de nous doit donc trouver un équilibre entre ces deux voies : garder une relation avec ses parents, abandonner le rêve fou de les transformer.

Amélie s'était enfermée dans ce dilemme : ou je continue à souffrir pour faire souffrir mon père – et ça marche, mais ça ne le fait pas changer – ou je l'arrache complètement de ma vie, ce qui est autrement impliquant.

Peut-être y a-t-il là une troisième voie à trouver.

La colère de Rose

Que manque-t-il à Rose pour être heureuse ? Elle fait des études qui l'intéressent, elle aime un garçon qui l'aime... mais elle vit dans un stress permanent, la conviction de ses incapacités et de son indignité, des bouffées de colère, qu'une fois calmée elle ne comprend plus.

Elle me raconte que quand elle était fillette et pré-adolescente, sa mère a eu avec elle des comportements proches de la maltraitance. Rose a vécu cette époque avec l'ambivalence propre à tous les enfants maltraités : elle aimait sa mère, lui donnait en partie raison, et elle la détestait en même temps. C'est cette ambivalence qui fait mal. Détester quelqu'un n'est pas une souffrance, c'est détester quelqu'un qu'on aime qui est une souffrance !

Avant de nous entretenir du contenu de ses angoisses actuelles, il a fallu aborder la question du risque : « Si vous deveniez épanouie et sûre de vous, quel inconvénient cela pourrait-il avoir ? » Eh bien, devenir heureuse serait une manière de dire à sa mère : « Finalement, ce que tu m'as fait n'était pas si grave, puisque je n'en suis pas traumatisée à vie ! Puisque je vais bien et mène une vie qui me convient ! » Il arrive actuellement à Rose de passer des moments agréables et détendus avec sa mère, mais la jeune fille « se ressaisit » vite : « Non, tu n'as pas le droit, tu lui en veux, tu dois entretenir ta rancune ! »

Aller bien, ce serait pardonner

Le cas de Rose n'est pas exceptionnel : beaucoup de gens maintiennent leur souffrance car y renoncer serait pardonner à leurs parents et ne plus leur montrer à quel point ils ont été de mauvais parents. Pour tous, il faut s'attarder sur la détermination de ce qu'ils veulent vraiment : vont-ils consacrer leur vie à souffrir pour faire souffrir, l'enjeu en vaut-il la peine ? Vont-ils provoquer une explication, et à quoi / à qui servira-t-elle ? Vont-ils s'autoriser à être heureux malgré tout ? Après ce préalable, soit la thérapie peut commencer, à moins qu'elle ne soit terminée : le seul remaniement lié à ces questions peut en provoquer d'autres qui iront de soi.

Dans le cas de Rose, une autre forme de « pour quoi ? » est apparue au cours du travail. Quand elle était cette petite fille aux prises avec les comportements de sa mère, elle se disait : « Il faudra que je m'en souvienne… il ne faudra jamais oublier ça. » Après avoir commencé à l'aider à se libérer du poids de ce souvenir, elle me dit : « Depuis la semaine dernière je n'arrive plus à y penser… il y a un blocage. » Alors que je m'étonnais qu'elle nomme « blocage » le fait que ce souvenir soit devenu moins prégnant, elle m'avoue avoir ressenti un grand vide en elle : Rose a organisé son psychisme autour de cette expérience. Il y a en elle comme une grosse boule de pensées, de représentations et d'émotions qu'elle entretient depuis son enfance. Comment pourrait-elle laisser cette boule disparaître sans éprouver, tout à coup, un grand vertige ? Elle devra maintenant se refaire un intérieur, meublé de nouveaux désirs. Ainsi elle pourra retrouver une sérénité.

Cet intérieur, elle l'aura refait quand elle percevra cette libération, non plus comme un trou statique à l'intérieur d'elle-même, mais comme une énergie qui, une fois déliée, pourra s'utiliser ailleurs.

J'ajouterai que si Rose a évolué, cela ne s'est pas fait d'un seul coup. J'ajoute que Rose, que j'ai vue se construire et acquérir une nouvelle autonomie, a eu des retours en arrière dans des moments où se décidait la mise en acte de sa liberté nouvelle : décider de ses études, s'installer avec son ami... Alors se sont posées ces questions :

– Ai-je le droit d'aller bien dans une famille où tout le monde va mal ?

– Aurai-je le toupet d'aller bien alors que toute ma famille me croit éternellement vouée à l'échec et au malheur ? Puis-je donner aussi manifestement tort aux gens que j'aime ?

CHAPITRE 8

À quoi sert de mourir ?

« Perdre pied doucement,
laisser la bulle vous entourer,
la vie devenir reflet inconsistant,
l'ailleurs vous attirer, s'oublier, glisser.
Une seconde suffit. C'est facile. »

Annie Duperey, *Le Voile noir.*

La volonté de mourir est-elle envisageable sous l'angle du « pour quoi ? »

Désir de vivre, désir de mourir

Nous avons déjà vu comment notre corps pouvait se conformer à une demande de notre psychisme, mais comment envisager la mort volontaire selon notre perspective ?

Les suicides et les tentatives de suicide ont de multiples objectifs possibles. On dit souvent que beaucoup de personnes tentent de se suicider sans réel désir de mourir, ce qui expliquerait le nombre de tentatives « ratées », en particulier chez les jeunes filles. Ce mot « ratée » est un mot terrible, qui fait penser à : « Peut faire mieux la prochaine fois... ». Parlons plutôt du désir de mourir qui s'est exprimé à travers cet acte, mais aussi du désir de vie qui l'a finalement emporté.

Parfois, le « pour quoi ? » est très facilement accessible : la personne désire qu'un membre de son entourage, père, mère ou conjoint, la prenne en compte et l'écoute. Même sans vouloir mourir, sa demande est si forte qu'elle en prendra le risque pour l'exprimer. L'exemple de Nathalie au chapitre 3 est en cela typique : elle ne « doit » pas arrêter de pleurer sinon sa mère croirait qu'elle va bien : grossière et maladroite, sa tentative de suicide était probablement destinée à être surprise et enrayée.

Parfois, le procédé employé révèle l'ambivalence des désirs du sujet. Une jeune sportive s'ouvre les veines en faisant bien attention de ne pas abîmer les tendons de ses poignets. Les contradictions de son comportement lui sont très facilement apparues, après coup. Une part d'elle-même savait qu'elle ne voulait pas vraiment mourir.

Il est important de ne pas ridiculiser des comportements apparemment si incohérents, mais de les reconnaître comme l'expression simultanée de deux désirs différents. Chacun de nous a des désirs contradictoires, et c'est notre droit de les avoir. Plutôt que de mettre l'accent sur les contradictions, il vaut mieux interroger séparément les deux parties : celle qui voulait mourir et celle qui voulait autre chose, en respectant le « pour quoi ? » de chacune.

Le suicide dit « d'appel », destiné à ne pas aboutir, est fréquent. Il ne faudrait pourtant pas négliger que dans ces tentatives-là il existe un vrai risque de mourir, l'acceptation de ce risque. Cette acceptation peut être l'expression d'un désir, même minuscule, qu'il faut prendre au sérieux. Il est donc artificiel et peu opérationnel dans le cadre du travail clinique de distinguer « vrai » et « faux » suicide. Acceptons, comme ayant sa légitimité la partie qui a voulu mourir, même si une autre partie a pris des mesures de sauvegarde.

Partir, revenir : le suicide est un appel

La tentative de suicide d'un enfant ou d'un adolescent a quelquefois pour effet de réunir des parents séparés. Elle permet de ne pas commencer une vie d'adulte autonome en laissant ses parents vieillir seuls, de retenir le parent qui voudrait s'en aller. Les thérapeutes familiaux reçoivent des familles qui consultent pour des tentatives de suicide multiples, parfois graves et à la limite de la réussite.

Parmi ces familles, certaines font la comptabilité des récidives avec le sourire, comme si ce n'était pas vraiment sérieux. On dirait que la tentative de suicide fait partie de l'histoire familiale, au même titre que les départs en vacances ou les notes à l'école. Elle est traitée sur le même plan que les autres réalisations, avec la même désinvolture. Comme si personne ne pouvait supposer que, peut-être, un jour, ce jeune serait mort. Peut-on s'imaginer mort ? Pouvons-nous nous représenter les autres continuant à vivre, et nous n'existant plus ? Notre cerveau semble peu apte à faire cette démarche mentale. Pour les familles où la tentative de suicide d'un proche est quasiment devenue un comportement presque ordinaire, il faut aider à réaliser ce que la perte réelle d'un enfant représenterait pour tous. Il peut être alors utile de dramatiser la situation : faire imaginer l'enfant mort, l'enterrement, le deuil et la vie continuant désormais sans cet enfant redonne à chaque chose sa vraie dimension. Tenter de faire parvenir à sa famille certains messages c'est bien, surtout si ça marche, se dévouer jusqu'au risque de mourir pour réunir ses parents, c'est héroïque, mourir, ça ne sert à rien.

L'anorexie mentale

Envisageons également, parmi les tentatives pour mourir, le cas de l'anorexie mentale. On peut en effet légitimement classer l'anorexie mentale comme une tentative de suicide camouflée. Mara Selvini-Palazzoli, thérapeute familiale italienne, a proposé cette analyse : la jeune fille développant ce symptôme n'a pas la volonté affichée de mourir. Elle ne *peut* pas manger, c'est « quelque chose » qui est « plus fort qu'elle ». Jouet d'une « force mystérieuse » et tyrannique, la jeune fille n'assumera ni n'exprimera aucun désir de changement. La famille s'organise alors autour de son symptôme, et la malade a tout le pouvoir sans l'avoir jamais demandé. Mais c'est juste un pouvoir d'empêcher les autres d'en avoir.

« Pour quoi » vouloir mourir ?

On meurt pour mettre fin à une douleur trop forte. C'est l'acte du malade qui souffre physiquement, celui du vieillard mourant qui sait que son état ne s'améliorera plus et veut s'épargner ou épargner à son entourage une lente dégradation sans espoir. C'est aussi le cas du dépressif mélancolique qui ne peut plus imaginer la fin de sa détresse ou de l'angoissé qui veut arrêter son angoisse. À celui qui envisage le suicide sous cet angle, on ne peut refuser de reconnaître que son *objectif* est valable quoi que l'on pense du *moyen* utilisé.

Le cas extrême du suicide permet ainsi de bien comprendre la différence entre accepter le « pour quoi ? » et encourager l'acte. Personne n'encourage le suicide, mais dire : « Qu'y a-t-il de si insupportable que vous vouliez l'arrêter au prix de votre vie ? », c'est reconnaître avec bienveillance la légitimité du « pour quoi ? », quitte à mettre en doute l'aspect brutal et définitif du moyen choisi. Ce n'est pas donner un coup de pouce au passage à l'acte, bien au contraire : plus on refusera d'apprécier l'intention de l'acte, plus la personne sera tentée d'en faire encore plus pour se faire entendre. Dédaigner ainsi la partie qui a voulu mourir risque d'amener la personne à s'y prendre mieux la prochaine fois. Il est donc plus intéressant de donner la parole à la partie qui veut mourir, puis à celle qui choisit de vivre, en interrogeant chacune d'elle : que veut-elle, que cherche-t-elle ?

Punir

Ne dédaignons pas, parmi les buts possibles, celui de punir quelqu'un. C'est ce qu'illustre, sur un mode caricatural, un film récent de Woody Allen : *Harry dans tous ses états.* Une jeune femme vient annoncer à son ancien amant, au domicile de celui-ci, son intention de se suicider, en se délectant de cette image : « Ma cervelle répandue sur ton tapis ! » De façon plus courante, on entend des propos du type : « Peut-être qu'alors il aura des remords, ou des ennuis... » ou : « Il comprendra enfin comme je l'aimais, mais ce sera trop tard. » On choisit alors un endroit qui ajoute plus de sens au message : chez son ancien ami ou sur son paillasson ou celui de la rivale.

Faire réagir, mettre à l'épreuve la relation au thérapeute

Certains adolescents ou jeunes adultes entretiennent l'idée du suicide. Il est souvent malaisé de distinguer ceux qui vont passer à l'acte de ceux qui veulent seulement en parler, dans le but d'obtenir quelque chose de quelqu'un. C'est alors un moyen de faire peur, de provoquer des émotions, ou de susciter des réactions que l'adolescent n'arrive pas à déclencher autrement : « Est-ce que cette fois-ci quelqu'un va comprendre combien je souffre ? » Ce message peut s'adresser à sa famille entière, ou à un parent en particulier. Il peut aussi être destiné au thérapeute, conseiller ou aide social, afin de faire sortir celui-ci de sa réserve professionnelle. La personne comprend intuitivement que ce type de menace est ce qu'il y a de plus efficace pour que le thérapeute quitte la distance professionnelle, qu'en principe, il s'impose pendant l'entretien. Se représenter la mort d'une personne auprès de qui nous avons accepté une responsabilité nous fait approcher de nos limites personnelles et professionnelles. Nous serons alors tous tentés d'intervenir concrètement et directement pour empêcher l'irrémédiable, et nous dépasserons le cadre de notre fonction. Quelquefois, c'est le but recherché : par exemple, un jeune en grande carence affective qui demande perpétuellement un amour total et exclusif peut emballer notre tendance au don et à la compassion ; mais ce peut être aussi une part de lui-même qui veut saboter tout risque d'efficacité de l'action entreprise avec lui. Dans les deux cas, le résultat sera le même : l'impuissance.

MÉTACOMMUNICATION

C'est l'action de communiquer sur la façon dont on communique.

La métacommunication peut concerner :

– La simple logique : « Tu me demandes ceci, mais tu m'as demandé le contraire il y a cinq minutes. »

– Les émotions et les sentiments : « J'ai de la peine quand j'entends cela... »; « Je t'ai parlé ainsi parce que j'étais contrarié ou fatigué... »

– Les hypothèses qu'on fait sur un comportement ou sur une intention : « Quand tu te comportes ainsi, j'en conclus que tu n'as pas envie de me voir. »

– Une relation : « Nous sommes en train de nous disputer pour des queues de cerises, il doit y avoir un autre enjeu là-dessous. »

La métacommunication permet que ne s'installent pas à demeure des messages contradictoires ou paradoxaux, des communications perverses dont on ne pourrait se tirer qu'en devenant malade, violent ou fou.

Certains milieux interdisent la métacommunication :

– Soit par chantage affectif : « Comme tu me fais du mal! »; « Si tu dis ça, c'est que tu n'aimes pas ta mère! »

– Soit par autoritarisme : « On ne répond pas à son père »; « à son capitaine! »

– Soit par manque de clarté sur ce qui est possible et ce qui est permis, ce qui va faire craindre *a priori* des réactions négatives : « Ma mère ne pourrait pas le supporter... »; « Croyez-vous qu'on puisse dire une chose pareille à son patron? »

Tout intervenant auprès d'un groupe humain, famille ou entreprise, visera à établir ou à rétablir une métacommunication.

Quand on risque d'être pris dans ce type de piège, une manière de s'en sortir est de commenter, en séance, ce qui se passe. C'est la **métacommunication** : « Vous cherchez à m'inquiéter » ou : « Que cherchez-vous à déclencher en moi, à obtenir de moi, en me parlant ainsi? » Il n'y a pas de piège relationnel qui ne cède lorsqu'on prend la peine de commenter ce qui se passe et d'exprimer les questions qu'on se pose sur la relation : « J'ai l'impression que vous êtes en colère contre moi... que vous essayez d'obtenir de moi quelque chose que je ne peux pas vous donner... depuis un moment je sens comme une tension entre nous... »

Ces propos nous mettent sur un autre plan; et même si notre interlocuteur répond : « Mais non, vous n'avez rien compris », le simple fait d'être monté d'un cran et de regarder le mode de relation avec distance, de montrer qu'on a quelque chose à en dire et qu'on peut nommer ce qui se passe, désamorce certains jeux de la communication : sous-entendus, tentatives de manipulation et de chantage affectif, qui, par essence, ne peuvent fonctionner que s'ils restent non-dits.

Être tout-puissant

Caresser l'idée de la mort peut être, chez un jeune, une sorte de culture de la toute-puissance. Penser : « Je décide du moment de ma mort », c'est être très proche du fantasme d'immortalité : « Je commande la mort, donc je suis plus fort qu'elle. » Ce sont souvent les mêmes personnes qui cultivent une sorte d'esthétisme « romantique ». Ils se voient dans la posture alanguie du poète Chatterton, telle qu'elle a été immortalisée dans un tableau inspiré de la pièce du même nom d'Alfred de Vigny, c'est-à-dire dans la posture étudiée de l'acteur qui joue le suicidé. Alain Cayrol et Josiane de Saint-Paul◆ ont montré que, lorsqu'on demande à l'adolescent de ne plus mettre en scène le **spectacle** de sa mort, mais de **se sentir** en train de s'affaiblir et de perdre son sang, sa superbe peut s'effondrer rapidement.

On retrouve ce même désir de puissance chez ceux pratiquant des sports à haut risque (en principe maîtrisés) tels que le saut à l'élastique, où il s'agit alors de narguer la mort.

Sortir du piège de la contradiction

Les choses insupportables peuvent être des souffrances physiques, des dépressions et des angoisses, elles peuvent être aussi des pièges relationnels. Tous les enfants, *a fortiori* les adolescents, sont la cible de messages contradictoires, verbaux ou non : « Sois grand et raisonnable, mais reste notre petit. »; « Fais preuve d'autonomie, mais reste à la maison. » Souvent, le discours verbal et explicite dit une chose – par exemple, en incitant à l'autonomie – et le langage gestuel et des comportements signifie l'inverse. Quand le dialogue est suffisant dans la famille, quand les contradictions peuvent être commentées et que l'on **métacommunique**,

◆ Voir Bibliographie.

chaque enfant évolue tant bien que mal – et finalement, souvent bien dans ces vents multiples – en négociant sa place personnelle. Dans des situations plus difficiles, où le désaccord ne peut s'exprimer que dans la violence, il ne trouvera d'autre solution que celle de s'enfuir. Une fugue ou une prise d'autonomie précoce et réussie comme celle évoquée par Alain au chapitre 6 en sont des exemples.

Mais il existe des familles où les lois relationnelles sont à la fois rigides et accompagnées d'un interdit de les commenter. Dans ces familles, toute prise d'autonomie est insupportable et assimilée à une trahison de l'amour. Les liens affectifs pèsent tellement sur les psychismes individuels que chacun intériorise à la fois l'interdit de modifier le fonctionnement familial et l'interdit de s'en aller. Il peut alors arriver qu'un membre de la famille – qui est souvent un adolescent, mais qui peut être un des parents – ait, à un moment donné, le sentiment que la seule possibilité de sortir de ce piège est de recourir à la violence. Il opte alors pour le suicide ou la folie.

Éviter de choisir

Quand des parents se séparent, leurs enfants peuvent se trouver pris dans ce qu'on appelle un **conflit de loyautés**. En effet, si les parents n'arrivent pas à créer, après leur rupture, une atmosphère de solidarité suffisante autour de leur tâche parentale, ils peuvent mettre leurs enfants dans une situation impossible : ne pouvoir aimer l'un sans trahir l'autre. Dans ce cas, chacun va tenter d'obtenir de l'enfant une alliance contre l'ancien objet d'amour devenu objet de haine. Chacun trouvera alors insupportable que son enfant garde un attachement envers le « méchant » parent. Or, les enfants ont le désir fort de continuer à aimer leurs deux parents. Ils vont donc tenter de se débrouiller avec cette situation. Certains pratiqueront une sorte de dédoublement qui leur permettra de survivre tant bien que mal : ils seront de cœur avec le parent présent, quitte à retourner ce cœur quand ils seront avec l'autre. Mais cette gymnastique est difficile et angoissante. Elle peut développer chez l'enfant l'habitude de camoufler, de manipuler ses émotions et ses sentiments afin de se préserver de la souffrance. L'enfant garde alors une distance et une méfiance envers son affectivité, ce qui le mettra plus tard en difficulté dans sa vie affective. Ce stratagème pourra aussi être perçu par l'entourage comme un double jeu, une hypocrisie. L'enfant devient alors le « méchant » de tout le monde et peut être sommé de choisir enfin clairement entre ses deux parents. Certains suicides d'adolescents sont l'unique façon de sortir d'une situation inextricable.

LOYAUTÉS INVISIBLES

Ivan Boszormenyi-Nagy anime aux USA une école réputée de thérapie familiale dite contextuelle. Voici un résumé succinct des pistes de compréhension qu'il propose :

La famille est un lieu où s'instituent des obligations relationnelles, une « justice », des lois d'« échange équitable ». Ces règles sont rarement dites. Elles sont intériorisées de telle manière que, si une personne ne s'y conforme pas, elle reçoit des *feed-back* ou des « rétroactions » négatifs, et en ressent de la culpabilité. Chacun est donc soumis à des règles de comportement qu'il a contribué à créer, les **loyautés**, dites **invisibles** car elles ne sont ni exprimées dans le groupe ni consciente chez l'individu.

Chacun naît dans un contexte où il reçoit et doit donner : à sa naissance, un enfant reçoit et ne doit rien à personne, mais cela ne dure pas. Ses droits à recevoir vont diminuer et sa redevance va s'accroître. Il doit des satisfactions affectives et sociales (« Quel enfant bien élevé ! »), puis des résultats scolaires ou autres. Il faut « faire honneur », faire progresser la famille dans la hiérarchie sociale, maintenir un héritage. D'autres fois, au contraire, il se doit de ne pas avoir d'ambitions qui le hausseraient plus haut que ses parents dans l'échelle sociale (« Tu vas avoir honte de nous »). Plus tard, il devra des visites, du soutien, de l'argent peut-être. La famille tient un livre de comptes invisible où sont consignés les dettes et les mérites de chacun. Dans la plupart des familles, cette comptabilité invisible garde une certaine souplesse ; dans les familles dysfonctionnelles, elle peut devenir très rigide et contraignante.

La loyauté la plus fondamentale est l'engagement à sauvegarder le groupe lui-même. Cet engagement peut emprunter des comportements d'allure déviante, caractérielle ou psychiatrique, qui sont commandés par une injonction invisible : être en difficulté à la place des parents. (« Tout va bien entre nous, c'est l'enfant qui va mal » ; « Nous nous entendons parfaitement, ce sont nos enfants qui n'arrêtent pas de se disputer. ») Réunir autour de la même préoccupation des parents qui auraient envie de se séparer, ou bien retenir à la maison la grande sœur dont les velléités d'autonomie mettent en danger l'unité familiale en sont des exemples. Ainsi, des loyautés peuvent être camouflées sous des comportements paraissant les nier.

Plus le système de loyautés est rigide, plus les efforts pour s'en dégager seront vécus comme une trahison.

S'attacher à un enseignant, à un thérapeute, réussir à apprendre et à grandir avec un tiers, mieux qu'avec ses parents, peut aussi entraîner un **conflit de loyautés**. L'enfant peut alors être enjoint, par des messages implicites, de quitter son thérapeute ou de s'arranger pour mettre en échec un pédagogue.

Prendre un conjoint introduit dans un nouveau système de loyautés qui ne se découvriront que progressivement, une double appartenance à une famille d'origine et une belle-famille. Cette situation peut aussi devenir la source d'un conflit.

Comme le divorce des parents, la constitution de nouveaux couples et de nouvelles familles, suscitent parfois de douloureux « conflits de loyautés » pour l'enfant, si celui-ci devient la cible de messages pressants et répétitifs l'enjoignant de choisir son camp.

Se protéger de l'envie de mourir

Puisque nous traitons le thème de la mort, n'oublions pas que certaines phobies (peur du vide, de l'eau, vertige) peuvent servir à préserver la personne de tendances suicidaires. La peur camoufle alors une attirance secrète. Quand ces thèmes sont évoqués, nous ne saurions encourager quiconque à soigner sa phobie sans avoir auparavant consacré du temps pour comprendre de quoi elle le protège. C'est sur ce qui émergera qu'il faudra travailler. Si ces précautions ne sont pas prises, on prend le risque grave d'aider une personne au suicide en levant les obstacles que celle-ci avait opposés à ses pulsions secrètes.

Troisième Partie

Mieux vivre et aider à mieux vivre

Introduction

« Je n'épouse pas les opinions,
excepté celles des livres d'Euclide. »

Montesquieu, *De l'esprit des lois.*

Les situations exposées jusqu'ici ont permis de comprendre certains types de fonctionnements des personnes qui viennent nous voir. Mais nous avons seulement évoqué au passage les méthodes par lesquelles nous obtenons les informations nécessaires à notre travail. Je voudrais maintenant préciser plusieurs aspects techniques. Je laisserai de côté, ou n'évoquerai que rapidement, les procédés qui ne sont accessibles qu'aux thérapeutes ayant reçu une formation spécifique. Il y a déjà beaucoup d'ouvrages pour ceux-ci. Je proposerai donc une méthode que toute personne pratiquant des entretiens d'aide, entraînée à une certaine écoute, peut utiliser.

Au-delà des écoles

Quand une personne annonce qu'elle est « psychothérapeute », il est rare qu'on ne lui demande pas immédiatement dans quelle école elle se situe : psychanalyse « classique », lacanienne, jungienne, Gestalt ou Analyse Transactionnelle... Ceux qui ne peuvent ou ne veulent répondre à cette question sont généralement perçus comme des gens qui se dérobent parce qu'ils ne présentent pas les garanties d'une grande marque ; francs-tireurs, ils sont plus ou moins suspectés d'être des charlatans.

Et pourtant, je voudrais bien ne plus avoir à répondre à cette question que : « Ne la posez plus ! » Elle reflète en effet une mentalité ancienne, dont on n'aura bientôt plus l'utilité.

Les psychanalystes, puis d'autres thérapeutes ont fondé des écoles de manière privée, se sont formés autour d'un maître fondateur, puis se sont apporté mutuellement les garanties de sérieux et de compétence dans leur domaine. Être disciple de Freud, de Perls, etc., revenait à refaire derrière le maître les découvertes qu'il avait faites. Cette démarche a été une source de progrès et une garantie de qualité, mais elle me semble à présent dépassée.

En effet, à l'époque où se créaient les lois de la démarche scientifique, on se demandait qui était newtonien, darwinien ou pasteurien, comme on a pu être kantien, marxiste ou keynésien dans d'autres domaines. Cette préoccupation, qui était propre à une mentalité préscientifique, perd sa pertinence dès qu'une spécialité est vraiment admise comme une science à part entière. En effet, quand un chercheur en physique ou en biologie publie des résultats nouveaux, personne ne songe à lui demander s'il se situe dans une école ou une autre : on vérifiera la rigueur de sa démarche expérimentale, on l'interrogera sur tel phénomène chimique ou magnétique dont il pourrait avoir oublié de tenir compte... et si ses réponses sont satisfaisantes, on acceptera ses conclusions comme vraies, sous réserve que des expériences ultérieures ne les invalident.

Pour une thérapie efficace

Le monde de la recherche psychologique et thérapeutique est en train, lentement, difficilement, d'accéder à ce stade. Des laboratoires universitaires, hospitaliers, ou privés ont commencé, il y a une vingtaine d'années, à aborder le travail d'intervention psychothérapique sous cet angle : qui est efficace, qui l'est moins ? Quand on a trouvé les moyens de repérer qui est efficace, on cherche comment (par quels comportements, par quelles paroles) celui-ci obtient cette efficacité. Puis, après avoir décodé ces procédés, on se demande s'il est possible de les enseigner à d'autres thérapeutes, confirmés ou débutants, et à quelles conditions ?

Les structures historiques et commerciales sont telles que les personnes qui ont mené ces recherches et ont trouvé des réponses ont tendance à donner à celles-ci un label protégeable et commercialisable : les voilà, comme les autres, chefs de file de nouvelles écoles. C'est en particulier le cas des fondateurs de la programmation neuro-linguistique (PNL), puis plus récemment de la méthode appelée *Eyes Movements Desensiting and Reprocessing* (EMDR). Un peu comme si Einstein avait breveté la théorie de la relativité en interdisant que celle-ci soit enseignée hors de son contrôle. Comme s'il avait fondé une « société de relativité », où n'entreraient que les disciples, renonçant de fait à croire à la mécanique quantique ou à toute autre théorie.

Cette conduite était sans doute inévitable dans les structures traditionnelles de la recherche psychologique, mais d'autres voies se sont peu à peu ouvertes. Par exemple, certaines équipes universitaires travaillent sur les effets de la nouvelle méthode dite EMDR, basée sur l'utilisation de mouvements rapides des yeux. Les questions que se posent ces chercheurs ne sont pas du type : « De quelle école vient cette technique, et souhaitons-nous nous intégrer dans cette école ? » Mais des questions de chercheur : « Ça marche ou ça ne marche pas ? Mes expérimentations sont-elles irréprochables ou ai-je pu introduire un biais statistique ? Suis-je en état de défendre mes résultats devant un aréopage de scientifiques pointilleux sur la méthode ? Si ça ne fonctionne pas, j'abandonne et je cherche ailleurs ; si ça va, je ferai et vérifierai des hypothèses sur la façon dont ça marche. Et un jour, ma découverte sera reconnue par tous, non comme une opinion d'école, mais comme un progrès de la connaissance. Et seulement alors, ce savoir pourra devenir l'une des briques d'une construction plus grande, un élément d'une théorie plus complète.

Quant à moi, je cesserai alors d'être confrontée, lorsque j'enseigne des pratiques comme l'ancrage ou le recadrage, à ces questions : « Donc ça, c'est quoi ? » Sous-entendu : « C'est de l'AT, du systémique, de la PNL ? » C'est à la fois tout cela et rien de tout cela : **c'est un savoir !**

Mes repères méthodologiques

Cette manière d'envisager les choses n'est pas incompatible avec la reconnaissance des enseignements que j'ai reçus dans différentes écoles telles que :

– la psychanalyse, freudienne et jungienne ;

– le courant systémique◆, qui fonde non seulement la pratique des thérapies familiales, mais apporte un éclairage indispensable à la thérapie individuelle ;

– l'hypnose dite « ericksonienne », basée sur l'étude approfondie des interventions de Milton Erickson ;

◆ Courant psychologique centré sur les relations plus que sur l'individu, *cf.* L'École de Palo Alto (voir Bibliographie).

– la PNL, que m'ont enseignée Alain Cayrol et Josiane de Saint-Paul; celle-ci a été l'occasion de faire une formidable synthèse tout en progressant dans le sens d'une vraie efficacité thérapeutique;

– l'EMDR.

Techniques thérapeutiques et progrès de la connaissance

Je vous invite donc à examiner les acquis techniques qui vont être présentés, non plus comme l'émanation de telle ou telle école, mais comme les résultats du progrès scientifique. Leur pertinence, leur action thérapeutique, leur prise en compte respectueuse des personnes, ont été testées et attestées. Des thérapeutes emploient ces techniques quotidiennement. Mais celles-ci s'adressent aussi à tout ceux qui pratiquent des entretiens d'aide, d'accueil ou d'orientation, que ce soit en entreprise ou en milieu éducatif, social ou médical.

Oser la pratique thérapeutique

Que ce mot « thérapeutique » n'effraie pas ceux qui, n'étant pas psychothérapeutes, penseraient qu'il s'agit d'un domaine réservé. En effet, toute intervention qui modifie une manière de voir notre propre personne, notre place dans le monde, nos relations, et ce, dans le sens d'une plus grande liberté d'agir ou de penser, est thérapeutique. Toute intervention élargissant l'éventail des choix possibles d'une personne, et ce, dans un autre contexte que celui d'une psychothérapie – entretien d'aide ou d'orientation, situation d'éducation, conversation entre amis – est thérapeutique.

CHAPITRE 9

La relation d'aide

« Je ne crois pas que l'on puisse inculquer
les principes de la technique par des écrits.
Cela ne peut se faire que par des enseignements directs. »

S. Freud, cité par S. Blanton,
Journal de mon analyse avec Freud.

Entrer en relation

Accepter le « pour quoi ? »

Dans tous les cas, aucune technique ne dispense du travail d'entrée en relation. Il est inutile d'espérer aider des personnes à mieux vivre si celles-ci n'ont pas acquis la conviction qu'on est en connivence avec elles, en recherche avec elles, pour leur permettre d'évoluer. Il y a pour cela des méthodes qui facilitent vraiment notre tâche ; mais celles-ci ne suppléent pas l'effort personnel que chacun peut faire pour découvrir et développer ses aptitudes et son propre style d'entrée en relation. Ce travail ne s'apprend pas dans les livres. Dans un livre, on ne peut qu'insister sur le fait qu'aucune intervention n'est licite avant que vous n'ayez fait le nécessaire pour que la personne vous considère comme son allié dans son combat du moment.

Il existe des techniques spécifiques qui favorisent l'entrée en relation, et qui sont connues sous le nom de **synchronisation**◆. Pour une connaissance plus approfondie, le lecteur pourra consulter les manuels de PNL. Ces méthodes visent à ce que la personne nous sente proche d'elle sur un plan émotionnel, comme dans le domaine de ses convictions,

◆ Voir l'encadré plus haut.

croyances, images du monde et conception de la vie. Elles établissent une connivence avec la personne, par l'adoption de ses postures, de ses gestes, de son vocabulaire; par l'acceptation et la valorisation de la manière dont elle aborde le monde sur le plan sensoriel et de ce qu'elle pense d'elle-même et du monde qui l'entoure.

La description de ces méthodes n'entre pas dans notre sujet; ce qui nous concerne, c'est ce qu'induit l'acceptation du « pour quoi? » dans l'entrée en relation.

Cette acceptation va nous conduire à nous présenter comme un allié, mais un allié modeste. Si vous jouez le jeu de la toute-puissance, dans le style : « Venez, je vous résoudrai tous vos problèmes », vous pouvez vous heurter à des réactions telles que :

– La crainte devant quelqu'un qui veut me changer à tout prix, alors que si j'ai un problème, c'est parce qu'une partie de moi-même trouve avantage à ce qu'il existe.

– La réaction de défi : « Il va voir qu'avec moi cela ne va pas être si simple, que je suis une personnalité complexe. » Ou bien : « Quelle est cette personne qui prétend régler en un tournemain ce qui me fait souffrir depuis longtemps, ou ce que je me suis efforcé de résoudre depuis si longtemps, sans succès? »

– Ou enfin, la passivité : « J'ai trouvé quelqu'un de très fort, je n'ai plus qu'à lui remettre mon problème et à le laisser se décarcasser. » C'est un phénomène fréquent chez les personnes qui souhaitent un traitement « par hypnose », ou toute autre méthode réputée « magique ». Souvent, « par l'hypnose », on signifie en fait « en mon absence ». Je dépose mon problème sur la table, je m'endors et vous me réveillerez quand vous aurez remis de l'ordre. Bon courage à celui qui accepte un tel contrat, d'autant que cette passivité est généralement la partie émergée de l'attitude de défi : « Le laisser se décarcasser » sous-entend souvent « le laisser s'y casser les dents comme les autres ».

La position basse

Certaines personnes ont un talent particulier pour placer l'intervenant sur un piédestal. Cette position haute est intenable et préjudiciable car notre narcissisme peut être agréablement flatté de cette allégeance à nos remarquables compétences, voire à nos pouvoirs magiques...

Il est donc important de laisser – ou de rendre – à la personne la responsabilité de ce qu'elle vit et le pouvoir dont elle dispose sur elle-même,

SYNCHRONISATION

Avant toute action auprès de quelqu'un et quel que soit le but de cette action – lui vendre quelque chose, négocier, l'aider dans son évolution personnelle – considérons que, en tant que professionnels, il est de notre responsabilité d'établir une relation qui facilitera notre action. Nous devons aller sur le terrain de l'autre, nous adapter à sa manière d'être et de penser, et trouver les moyens de le lui faire savoir. Ces moyens sont regroupés sous le terme de synchronisation.

On synchronise en adoptant l'attitude corporelle de notre interlocuteur; le même type de gestes; la même tension ou le même relâchement; les mêmes rythmes : parole, respiration, gestes machinaux. Mais on ne synchronise pas sur les défauts et les pathologies : bégaiements, tics, respiration d'un asthmatique.

On synchronise en adoptant les mots et les expressions de l'autre. On synchronise en veillant à s'exprimer dans la dominance sensorielle de l'autre. Par exemple, on demandera :

– « Comment voyez-vous... » à la personne dont le langage (les verbes en particulier) est centré sur le visuel;

– « Comment l'entendez-vous? » à celui qui s'exprime en termes auditifs;

– « Que ressentez-vous? » à celui qui parle en termes de perception interne et émotionnelle;

– « Que croyez-vous bon de faire? » à celui qui discourt en termes d'actes et d'action.

On synchronise en acceptant comme pertinents les critères avec lesquels la personne juge le monde extérieur comme ses propres comportements, échecs et réussites.

On synchronise en situant l'échange à l'intérieur des croyances de l'autre, même si celles-ci nous dérangent ou nous paraissent peu confortantes (je suis moche, coupable, la vie n'est qu'une suite de malheurs...).

On remet à un deuxième temps le projet de faire évoluer les attitudes, les croyances, la vision du monde, d'une manière qui sera plus aidante et stimulante.

Synchroniser ne va pas de soi. C'est un apprentissage et un entraînement.

Il est parfois intéressant, quand on travaille avec une personne qui est en conflit avec elle-même, de mettre au point deux synchronisations distinctes : quand la personne est en contact avec une seule partie d'elle-même (par exemple, celle qui veut lui faire manger des gâteaux), il est probable qu'elle aura un ton de voix, une attitude et une respiration auxquels vous pourrez vous synchroniser; et quand elle se reliera à l'autre partie (dans notre exemple, celle qui désire avoir une silhouette mince et élégante), elle montrera des caractéristiques différentes, sur lesquelles vous pourrez de nouveau vous synchroniser.

et de montrer notre considération pour la partie de la personne qui crée le problème. Les fondateurs de la pensée systémique nomment cet ensemble d'attitudes la **position basse**. Entendons-nous bien sur ce terme : il ne s'agit pas de se prétendre incompétent et impuissant, mais de reconnaître que nous ne pouvons agir qu'avec la collaboration active de la personne, et tout particulièrement avec cette partie de la personne produisant ce qui est censé être le problème. Il s'agit de ne pas croire ni faire croire que nous entamons un combat contre le symptôme, et encore moins que nous allons gagner ce combat. Quelle menace pour notre interlocuteur ! Notre projet est justement que cesse la guerre, et pour cela, la pire des choses serait de rouler des mécaniques en prétendant que, forts et compétents comme nous sommes, nous viendrons à bout du problème en un rien de temps.

Ne pas se presser d'intervenir

Nous devons donc nous placer en allié, non seulement de la partie de la personne qui demande un changement, et qui a entraîné la décision de venir nous voir, mais aussi de l'autre partie, celle qui voudrait être ailleurs, qui met des bâtons dans les roues jusqu'à ce que son existence et sa légitimité soient reconnues. On perçoit souvent de véritables signes de soulagement si on adopte ce type d'attitude et de discours : « Ne nous dépêchons pas de chercher le changement. La partie de vous qui vous fait vous conduire ainsi a certainement de bonnes raisons ; sans doute essaie-t-elle de vous protéger de quelque chose, et il y a un risque à prétendre s'en débarrasser, sans avoir pris le temps de l'écouter. » Pour tenir de tels propos d'une manière crédible, il n'existe qu'une méthode : y croire soi-même, vraiment, car c'est ainsi que vous serez convaincant. Les gens que nous recevons sont à l'affût de tous nos messages : ceux provenant de la parole, de la voix, du corps et du regard. Si tous ces messages ne sont pas congruents◆ et ne vont pas tous dans le même sens, le seul discours verbal ne saura véritablement convaincre. Se convaincre soi-même, c'est le fruit de la formation, des lectures, et surtout, de la pratique. Quand vous aurez fait l'expérience de l'efficacité de ce type de message, vous ne pourrez plus vous en passer. Il est en effet manifeste que ce langage, soutenu avec une véritable conviction, est un outil relationnel puissant : on voit les gens se détendre, approuver, et repartir apaisés. Leur assurer que leur manière de vivre et de penser ne sera pas violentée, que chacune de leurs pulsions sera respectée permet d'instaurer un réel climat de confiance.

◆ Voir l'encadré « Congruence » plus bas.

Relevons au passage le mot « risque ». J'ai pris l'habitude d'éliminer de mon vocabulaire les mots *a priori* stressants, comme « danger » ou « angoisse ». J'interroge les gens sur leurs craintes plutôt que sur leurs peurs, sur le risque qu'il y a à changer plutôt que sur le danger. Ces termes sont mieux acceptés car moins accablants; les mots trop lourds compromettent nos capacités de penser de manière nuancée, mouvante et dynamique. La pensée, par définition, c'est la mobilité, et plus les mots sont légers, plus sera favorisée cette mobilité. Chacun de nous peut s'y convaincre en laissant résonner en lui ces phrases :

– « Jamais je n'oserai dire une chose pareille à ma mère. »

– « De quoi avez-vous peur ? »

– « Que craignez-vous qu'il se passe si vous le dites? »

Vous percevez certainement la différence entre ces deux questions : la première est lourde et dure, la deuxième est porteuse de mouvement et de souplesse de pensée.

De plus, un mot comme « risque » est dynamique : on *prend* des risques alors qu'on est en danger. Ce choix de langage n'est donc pas innocent. Il fait partie de nos stratégies pour rendre à notre patient la responsabilité de ce qu'il vit et fait, et pour remettre du mouvement et de l'initiative dans ce qui paraissait figé et inactif.

Questionner les sens

Comment pose-t-on la question du « pour quoi? »

Parfois l'intention inavouée d'un acte est si proche de la conscience qu'il suffit de poser tout simplement la question de son « pour quoi ? ». Cela a été le cas pour Nicole échouant à son examen d'anglais (voir chap. 1). Après le minimum de temps nécessaire pour établir une relation de coopération détendue, il a suffi de poser la question, et la réponse a surgi, quasiment comme si elle avait toujours été connue.

D'autres fois il faut une méthode un peu plus spécifique : Claire qui a raté son permis a livré son argument écologique quand je lui ai fait revivre la situation de son « permis de conduire » comme si elle y était, en parlant au présent de ce qui s'est passé : « Je monte dans la voiture, je me tourne vers l'examinateur... » Je l'aide en posant des questions sensorielles : Que voyez-vous (lumières, couleurs, objets, personnes...)? Qu'entendez-vous (bruits, voix, musique...)? Que sentez-vous? Sous la rubrique « Que sentez-vous? », j'aborde :

– les sensations provenant de l'extérieur, comme la chaleur, le moelleux ou la dureté d'un siège...;

– les sensations résultant des mouvements du corps : s'asseoir, tourner la tête... ;

– le ressenti émotionnel : le cœur qui bat, la respiration, le poids sur l'estomac...

Sous la rubrique « Que voyez-vous ? Qu'entendez-vous ? », je sollicite autant les sensations d'origine externe que la production d'images internes, visuelles ou auditives : « Est-ce que vous vous faites des images ? Est-ce que vous vous dites quelque chose ? Est-ce que vous entendez une voix à l'intérieur de vous ? Comment est cette voix ? D'où vient-elle ? »

État associé, parole incarnée

L'expérience montre que ces questions sensorielles permettent à la personne de vivre effectivement, en séance, quoique de manière atténuée, l'état émotionnel qu'elle a vécu dans la situation réelle. L'observation des menues réactions de la personne : rougeurs, légers mouvements du visage, modification de la respiration et son acceptation de parler au présent, vont permettre, à un moment donné, de constater que la personne est bien complètement dans la situation. Cet état particulier, où une personne ressuscite les expériences sensorielles et émotionnelles d'une expérience qui s'est passée ailleurs et en un autre temps, est parfois appelé l'**état associé**. Cette disposition où la personne se ferme aux réalités qui l'entourent, au point qu'elle n'entendra pas l'avion qui passe, ni un bruit derrière la porte (d'ailleurs, vous non plus, si vous êtes vraiment concentré sur l'expérience de l'autre), est qualifiée par certains d'« état hypnotique ». Comprenons ce que les thérapeutes modernes désignent par ce mot : il ne s'agit pas que la personne soit « hypnotisée », ce qui induirait passivité et soumission, mais qu'elle consent, parce qu'elle a confiance en vous, à se mettre dans un état qui la centre sur son expérience interne et la détache des perceptions contingentes.

Cet « état associé » est également appelé « parole incarnée » par P. Vermersch, chercheur français créateur de la méthode appelée « Entretien d'Explicitation »◆. Celui-ci a développé l'étude des critères qui permettent de penser qu'une personne se trouve dans cet état. Il note, en particulier :

– le décrochement du regard : la personne ne regarde plus son interlocuteur, mais son regard se défocalise et s'évade vers le haut ou vers le bas. Ce fait signale qu'elle est en train de revivre son expérience, et que celle-ci prévaut sur son dialogue avec vous. Souvent, ces décrochements

◆ Voir Bibliographie.

de l'attention alternent avec des moments d'explication et de commentaire, où la personne dirige de nouveau son regard vers vous... ;

– le ralentissement du rythme de la parole, témoignant que la personne n'est plus dans un discours tout fait, répété déjà plusieurs fois, mais est en recherche d'une parole liée à la construction progressive de son image interne.

On peut ajouter à ces signes tous ceux qui révèlent la présence d'une émotion : rougeurs, petits frémissements, plissements et tremblements, brillance des yeux, micro-transpiration...

C'est justement dans cette situation de « parole incarnée » que Claire a pu confier son « pour quoi ? », par inadvertance, parmi d'autres observations, sans aucune conscience de l'importance de ce qu'elle disait... Mais, remarquait un jour une amie psychanalyste : « Il n'y a qu'à écouter ce que les gens disent ! »

Écouter

Bien sûr, il n'y a qu'à écouter ce que les gens disent, mais psychanalystes et psychothérapeutes savent bien qu'il ne suffit pas d'écouter. Nous ne voyons et n'entendons que ce que notre psychisme est préparé à voir ou à entendre. Ce qui nous prépare, c'est notre éducation, les préoccupations courantes de notre milieu social, nos priorités et notre structure psychique personnelles. Nous nous formons aussi par la manière dont nous structurons notre pensée grâce à une théorie (psychanalyse, analyse transactionnelle, Gestalt...), et par l'entraînement que procurent notre formation et notre pratique. Avant d'être sensibilisée au « pour quoi ? », j'aurais sans doute entendu cette phrase de Claire comme une réflexion anodine parmi d'autres, ou même, qui sait ?, comme décrivant réellement les inspecteurs du permis de conduire.

Le type d'écoute que je propose est donc différent – et complémentaire – des autres écoutes pratiquées, comme, par exemple, l'écoute psychanalytique qui cherche à décrypter le sens caché d'un propos. À la limite, je propose simplement d'écouter, au premier degré, ce que dit la personne.

« Au premier degré » ne signifie pas « en croyant ce que la personne dit », en se figurant que les inspecteurs du permis de conduire sont comme les décrit Claire. On peut écouter ce que croit quelqu'un, constater que cette croyance est active dans la production ou l'alimentation d'un symptôme, et montrer qu'on respecte cette croyance, sans pour autant la partager.

« Au premier degré » implique simplement que je ne vais pas chercher de sens caché ni interpréter ce qui est dit : est-ce que la petite

Claire désirait que son père ou sa mère la considère autrement ? C'est possible. Les différentes théories et grilles d'écoute dont nous disposons sont à la fois vraies et partielles. Ce sont des modèles au sens scientifique du terme, c'est-à-dire des propositions sur la manière d'orienter notre compréhension. Existe-t-il des grilles plus opérationnelles que d'autres ? Je préfère penser que chaque grille est spécifiquement adaptée à un type d'objectif particulier.

Si la jeune fille se trouvait dans une démarche d'évolution personnelle où elle voudrait comprendre ce qui la pousse à vivre et à agir, une interprétation concernant la petite fille d'autrefois serait alors utile. On se demanderait pourquoi elle est particulièrement sensible à certains discours et à certaines pensées ou comment des scénarios de vie inconscients construits dans son enfance guident encore ses manières d'agir actuelles.

Mais s'il s'agit de l'aider à affronter des situations actuelles et à surmonter les difficultés qui jalonnent sa vie, la grille du « pour quoi ? », dans la modestie de ses objectifs, me paraît fonctionner mieux et plus vite.

Le choix de la grille de lecture dépend donc des objectifs de chacun.

Guider

À Lucas en proie à l'angoisse au moment de rédiger son mémoire de fin d'études (voir chap. 3), j'ai proposé de « prendre contact » avec la partie de lui-même qui provoquait ces symptômes. Cette proposition peut parfois s'énoncer directement en ces termes, mais, le plus souvent, il faut guider la personne à travers ses sensations par le questionnement sensoriel : « Quand votre angoisse est aux commandes et quand elle est particulièrement présente, que vous dites-vous, quelles sont les images qui vous apparaissent, que ressentez-vous dans votre corps, et où dans votre corps ? »

Tous les patients, dès l'instant où on les a aidés à établir ce contact, répondent à cette dernière question en désignant leur gorge, leur ventre ou leur cœur, leur respiration. En fait, ce n'est pas pour savoir que vous posez ces questions : très souvent, un geste de la main vers la partie du corps concernée vous a déjà informé. Vous interrogez votre interlocuteur pour que celui-ci soit au plus près de ses sensations.

Pour obtenir des informations sensorielles, je pose des questions très générales : je parlerai de « voir ce qu'il y a à voir, d'entendre ce qu'il

Le langage éricksonien

« Vous pouvez, si vous le voulez, à propos de cette situation, laisser votre mémoire vous adresser une impression, un souvenir, quand elle le voudra, au rythme qui est le sien, et alors vous pourrez laisser venir à votre conscience ce qu'il y a à voir, à entendre, à sentir ou ressentir... et à mesure que vous voyez, entendez, sentez, vous n'avez même plus besoin d'entendre ma voix, seulement faire confiance à ce qui vous vient... »

C'est ce langage extrêmement vague, tout en permissions et jamais en injonctions, qui va permettre d'accéder avec une grande précision à l'expérience psychique, sensorielle de la personne. Toute induction précise tendrait à imposer des images et expériences qui ne seraient pas celles du sujet, mais les nôtres qui l'éloigneraient de sa propre expérience.

Une fois que la personne est en contact avec ses images et expériences internes, vous pourrez l'interroger très précisément sur ce qu'elle voit (taille, couleur, détails variés), ce qu'elle entend (ton, direction...), ce qu'elle ressent (où dans votre corps ?).

Voici un exemple de langage de M. Erickson lui-même, dans la traduction proposée par J.-A. Malarewicz et J. Godin (voir Bibliographie).

« Votre esprit peut passer en revue plus de sensations, de souvenirs et de pensées en relation avec ce problème, mais vous ne savez pas encore lequel sera le plus utile pour résoudre le problème [...]. Vous pouvez vous trouver vous-même parcourant le passé, le présent, ou le futur, tandis que votre inconscient choisit les moyens les plus appropriés pour s'en occuper. Il ne sait pas ce qu'il est en train d'apprendre, mais il est en train d'apprendre. Et ce n'est pas bien pour moi de lui dire : "Vous apprenez ceci ou vous apprenez cela !" Laissons-le apprendre tout ce qu'il souhaite, dans l'ordre dans lequel il le souhaite. »

Voici un langage emprunt d'une grande liberté, et en même temps, hautement suggestif.

y a à entendre », je demanderai « de quelle direction vient ce que vous entendez ? » en évitant toute suggestion précise qui, issue de ma propre expérience, détournerait l'autre de la sienne. C'est le type de questionnement vague qu'a mis au point Milton Erickson◆. Car ce questionnement a pour effet paradoxal que, plus vos questions seront vagues, plus l'expérience personnelle du sujet se précisera, dans son originalité et son unicité.

◆ Voir Bibliographie.

Comprendre

Quand cette partie qui pose problème s'est laissée approcher dans sa sensorialité, il devient possible de lui demander d'investir la personne, d'occuper le devant de la scène, et de bien vouloir nous adresser un message. On peut fixer une consigne très large, telle que donner à cette partie le choix de répondre par une image, un mot ou un souvenir. Parfois, la personne elle-même ne perçoit pas l'importance de sa réponse. Ainsi Rose, mise en contact avec ses angoisses et son mal de vivre, m'a d'abord répondu que rien ne venait... ou presque rien... « seulement » l'image d'un poing serré et levé (voir chap. 7). C'est pourtant cette image qui nous a mises sur la piste, car sa tristesse et son angoisse étaient la manifestation d'une colère enfouie. Il n'est pas rare que la personne réponde qu'il ne lui vient « rien », ou « rien d'important », ou qu'il lui est bien venu un souvenir, mais « ça n'a rien à voir ». Ne jamais s'arrêter à ce genre d'affirmation : si la personne est en « état associé », ce qui a surgi a toujours « à voir », sinon dans son contenu, au moins dans l'émotion qu'elle engendre. C'est souvent l'élément qui nous paraît le plus pertinent et le plus émouvant que la personne considère comme un détail sans importance. C'est ainsi qu'une femme, invitée à interroger une sensation du côté de l'estomac, est restée assez longtemps silencieuse. Pourtant, son visage me paraissait refléter des images et des expériences internes. Je l'ai donc questionnée, et j'ai constaté qu'elle se croyait aux prises avec des images « parasites », survenues par inadvertance, et qui n'avaient aucun rapport avec son estomac. Elle m'a même confié, avec un geste vers celui-ci : « Ce n'est pas ça qui me l'envoie, c'est juste une pensée qui m'est venue, comme ça ! » C'est à nous d'aller au-delà de cette impression, car naturellement, après avoir exploré des images qui lui étaient apparues, il était évident que le hasard n'y était pour rien.

Solliciter les messages du corps

J'utilise aussi une méthode abordée lors d'un séminaire de D. Araoz, psychologue et universitaire américain : si la personne, quand elle est en contact avec son problème, fait un certain geste d'allure machinale, il faut lui demander de refaire ce geste et de laisser celui-ci lui adresser souvenirs, sensations et impressions. Cette méthode perfectionne celle de certains psychodramatistes comme A. Ancelin-Schutzenberger, qui repèrent un geste involontaire et demandent : « Que dit votre main ? Que dit votre pied ? » Attention ! sauf exception, un tic ne doit pas être interrogé, en tout cas, pas aussi directement !

Souvent on peut interroger un symptôme somatique de la même manière : « Votre douleur, votre eczéma, votre plaque de psoriasis... centrez-vous dessus, regardez, sentez... demandez-lui de vous adresser quelque chose, un mot, une impression, un souvenir... » Ce qui vient alors peut être parfaitement inattendu, mais jamais gratuit.

Interroger le symptôme

On peut aussi donner une consigne plus précise, lorsque la partie qui crée le problème s'est manifestée et demander à cette partie : « Que cherches-tu à obtenir qui soit bon pour moi ? » ; « De quoi cherches-tu à te protéger ? »

Toutes les théories sur le psychisme utilisent des modèles qui le divisent en parties : la psychanalyse traite du Ça, du Moi et du Surmoi, l'analyse transactionnelle (AT) du Parent, de l'Enfant et de l'Adulte, avec des nuances et des subdivisions qui ne concernent pas notre propos. En fait, il n'est pas nécessaire de préjuger de l'existence de parties définies à l'avance. On peut créer des parties en fonction du problème évoqué. Tout symptôme peut être décrit comme un conflit entre deux parties : celle qui, par exemple, voudrait que je plonge du grand plongeoir et celle qui dit : « N'y va pas, tu vas te faire du mal. » Ces deux parties ont chacune un projet qui est bon pour moi. Les phrases comme : « Je voudrais, mais je n'arrive pas à... » ; « Je ne peux pas m'empêcher de... » révèlent ces combats intérieurs. La méthode consistant à déterminer des parties spécifiquement pour tel problème est plus souple et plus adaptable qu'une méthode établissant d'avance les parties du psychisme. D'autre part, je n'ai jamais entendu quelqu'un ne pas être d'accord avec cette phrase : « Est-ce qu'on pourrait résumer ce que vous venez de dire par : une partie de vous veut telle chose, une autre partie de vous veut telle autre chose ? » Les gens qui entendent cette phrase manifestent toujours le sentiment d'avoir été compris, et éprouvent une sorte de soulagement à entendre qu'on ne résume pas leur personne à l'une des deux parties, l'autre partie étant perçue comme une sorte d'excroissance ou de parasite. Chacune des deux parties entend qu'elle est reconnue comme faisant bien partie de la personne...

Il faut parfois du temps et du talent pour faire admettre à quelqu'un notre projet de réhabiliter et d'écouter avec bienveillance sa partie qu'il déteste et que consciemment encouragé par le discours social, il voudrait éradiquer. On peut provoquer un véritable choc. Mais dans la grande majorité des cas, et si on établit avec la personne une relation suffisamment confiante, ce choc sera un émerveillement. La partie abhorrée, toujours tendue et défensive, pourra se détendre d'un coup. En même temps, elle comprendra qu'elle peut s'exprimer autrement que par un symptôme et que l'équilibre en place est caduc. Si vous n'avez pas fait le nécessaire pour créer une ambiance de collaboration confiante, le patient repartira peut-être avec l'impression d'avoir rencontré un « doux dingue ». En soi, ce n'est pas très grave, mais pour lui, c'est une occasion manquée.

Cependant, quand c'est devenu pour nous une seconde nature de dire : « Ne changez rien à votre manière de faire tant que nous n'avons pas compris à quoi elle sert », on s'aperçoit que les gens acceptent ce genre d'intervention et manifestent un véritable soulagement.

Je veux et je crains

La personne qui vient nous consulter a déjà fait une démarche de confiance, mais, en même temps, elle est inquiète. Qui ne le serait pas? Je viens pour aller mieux, mais en même temps, je crains cette personne qui va faire émerger des sentiments cachés et qui ont de bonnes raisons de l'être ou qui va tenter de me faire parler de choses que je préférerais taire. Un jour, un enfant que j'interrogeais sur l'image qu'il avait de ma fonction et de ce qu'il venait faire avec moi m'a dit : « Ici, c'est un endroit pour parler des choses dont je n'ai pas envie de parler. » Bénis soient les enfants qui expriment aussi directement les inquiétudes que les adultes n'arrivent à avouer que de manière alambiquée, avec des réticences, des lapsus et des actes manqués.

Dans le monde psychanalytique, ces comportements sont assimilés à des signes de **résistance**. Effectivement, la personne résiste, mais à quoi? Si nous trouvons qu'elle résiste à notre personne, à notre traitement proposé, aux bienfaits que nous voulons lui apporter, nous pourrons interpréter cette résistance quasiment comme une insulte. Nous serons alors tentés de reprocher à la personne sa résistance au progrès.

Si vous tenez votre chien en laisse et qu'il ne tire pas dans la même direction que vous, il y a deux manières de comprendre sa conduite :

– il *ne veut pas* aller où vous prétendez l'emmener : il a peur, il est désobéissant et il a mauvais caractère;

– il *veut* aller ailleurs.

Je propose que nous nous orientons dans cette deuxième voie : « Que voulez-vous? »; « Que veut cette partie de vous? » plutôt que : « À quoi résistez-vous ? » La méthode a fait ses preuves. Vous ne considérerez plus que la personne « résiste », mais qu'une partie d'elle a d'autres projets qui sont également bons pour elle .

Un langage clair et direct

« Alice : "Voulez-vous me dire,
s'il vous plaît, par où je dois m'en aller d'ici ?"
Le Chat : "Cela dépend beaucoup
de l'endroit où tu veux aller."
Alice : "Peu importe l'endroit."
Le Chat : "En ce cas, peu importe
la route que tu prendras." »

Lewis Carroll, *Alice au pays des merveilles.*

Chaque année, je reçois en stage, dans le cadre du centre médico-psychologique (CMP), un(e) étudiant(e) en psychologie, pour contribuer à sa formation par le contact avec le terrain. Je suis toujours très favorablement impressionnée par tout ce que ces étudiants savent et par leur passion d'apprendre davantage ; mais, avec chacun, je reprends le même combat contre certaines formulations obstinément familières.

Dire sans détour ce qu'on veut

Quand vous souhaitez demander à un enfant de faire un dessin, demandez-lui de faire un dessin. Or, tous les étudiants disent : « Tu veux pas faire un dessin ? » Ce mode de questionnement auprès d'un petit, pour peu que celui-ci soit intimidé ou inquiet, induit en réponse le « non » avec une quasi-certitude. Répondre : « Si » à cette question suppose une démarche complexe : s'opposer pour dire oui ! C'est là une injonction paradoxale, qui ne peut que mettre un enfant dans la confusion.

Ce qui est vrai pour les enfants l'est aussi, à moindre degré, pour les adultes que nous recevons. Si vous souhaitez qu'ils fassent, disent, imaginent quelque chose, proposez-leur de dire, faire, imaginer... Si la personne pense profondément que vous cherchez ce qui est bon pour elle et si la relation établie est confiante, si votre ton est à la fois avenant et convaincu, vous lui dites « faites » et elle fera.

Je ne sais quelle précaution nous amène si souvent à dire : « Est-ce que tu pourrais... », ou même : « Est-ce que tu ne pourrais pas... », ou : « Ne veux-tu pas ? » au lieu de dire : « S'il te plaît, fais-moi un dessin. »

Les enfants trouvent tout à fait naturel qu'on leur demande de faire des choses, et toutes ces formulations prétendument polies, dont nous croyons sans doute qu'elles vont faciliter la relation, induisent en fait complication, effort, difficulté. Ce qui est vrai pour les enfants l'est aussi pour les adultes en entretien; ceux-ci sont, dans une certaine mesure, en position de relâchement et d'abandon. Dans cette situation, la partie qui ne veut effectivement pas risque de penser que cette injonction s'adresse à elle et l'encourage.

Laisser faire

Je pourchasse également l'utilisation du verbe « essayer », qui est aussi répandue qu'inadéquate. Je vous propose de ressentir dans votre corps la différence entre ces deux formulations :

– « Ne pourriez-vous pas essayer de vous lever? »

– « Et maintenant, je vous propose de vous lever. »

Or, c'est le premier type de phrase qu'emploient les débutants : « Pourriez-vous (ou même « Ne pourriez-vous pas ») essayer de chercher un souvenir qui… » Sachez que si vous dites : « Trouvez un souvenir… », l'expérience prouve que la personne trouve. Il se pourrait que ce soit, au sens strict du langage, une injonction paradoxale, puisque l'on peut donner l'ordre de chercher, mais pas de trouver. Pourtant c'est la formulation qui fonctionne le mieux, si les conditions relationnelles déjà évoquées sont réalisées. C'est en outre une expression de la confiance que nous faisons à la personne, à sa volonté de coopérer, à ses aptitudes conscientes ou inconscientes.

L'autre formulation efficace est celle qui dépasse la démarche volontaire pour établir une confiance relâchée en ce que l'inconscient enverra : « Laissez votre mémoire vous adresser une image, un souvenir, vous n'avez pas besoin de chercher, elle va travailler toute seule, faites-lui confiance… » Ce discours du **laisser faire** est un autre accès possible au fonctionnement de notre mémoire, qui ne se laisse pas commander. Vous le savez si vous avez cherché désespérément à vous souvenir d'un nom, à vous rappeler où vous aviez posé votre sac à main : la seule solution est d'arrêter tout effort, de signaler à votre mémoire ce que vous cherchez, puis de la laisser travailler selon son propre mode, auquel le psychisme conscient n'a pas accès.

La consigne : « Laissez votre mémoire chercher toute seule » est une manière explicite d'exprimer quel type de fonctionnement psychique nous souhaitons atteindre. La consigne « trouvez » est une manière plus elliptique de dire la même chose : ne vous préoccupez pas de faire, encore moins de comment vous faites. Faites-le. C'est une adresse directe à l'inconscient. La consigne « cherchez » suggère l'effort conscient dans un domaine qui lui est étranger.

Nous pouvons cependant stimuler notre mémoire, non par l'effort, mais par le contact avec l'expérience sensorielle : « Où ai-je posé mon sac en rentrant à la maison hier soir? » Je me remets alors dans les conditions de la veille et je vois, j'entends, je m'entends dire, je fais et je ressens les émotions correspondant à ce que je fais, et tout à coup, je me revois, ou je me sens, posant mon sac sur le paillasson car j'entends le téléphone sonner. En thérapie, un fonctionnement analogue peut permettre de faire émerger des souvenirs, parfois très anciens et inaccessibles à l'effort conscient. Si la personne se trouve dans un certain état émotionnel et que vous lui demandez de laisser sa mémoire remonter le temps et de proposer des souvenirs, ceux qui émergeront seront liés à cette émotion. C'est elle le fil conducteur entre la représentation actuelle et le souvenir d'autrefois. Il arrive que le contenu, l'image qui vient, paraissent être totalement sans relation. D'où la réflexion fréquente : « Je ne sais pas pourquoi je pense à ça, ça n'a rien à voir. » Si, ça a à voir : le contenu est différent, l'émotion est la même.

Vous comprenez ainsi, si nous voulons accéder à ce niveau de fonctionnement, pourquoi nous devons désactiver le fonctionnement psychique volontaire et laborieux, et donc supprimer l'emploi du verbe « essayer » de notre vocabulaire.

Notez que pour ce type de travail, je préfère le terme **mémoire** au terme **inconscient**. C'est un mot que tout le monde connaît et accepte, sans inquiétude et sans résistance : chacun sait bien qu'il a, stockés dans un endroit que l'on nomme « mémoire », des souvenirs et des images plus ou moins disponibles ou plus ou moins enfouis. Il n'est pas besoin pour cela de recourir à une théorie de l'Inconscient qui peut être inquiétante. D'ailleurs, cette notion chez des personnes non familières du savoir psychologique, peut prendre des sens extrêmement péjoratifs. C'est ainsi qu'une personne à qui je demandais ce que lui évoquait ce mot m'a répondu : « Un "inconscient" c'est par exemple quelqu'un qui roule trop vite et qui écrase les enfants. » Cet homme n'avait pas tort car c'est effectivement un des sens que peut prendre ce mot dans le langage courant. Un inconscient désigne alors soit quelqu'un qui ne réfléchit pas, soit quelqu'un qui n'a pas de conscience. C'est à nous, toujours à nous, de tenir compte du niveau de langage de l'autre et d'y adapter le nôtre.

Un adulte qui est en thérapie ou en entretien d'aide vit un état psychique particulier. Si vous avez réussi à le mettre en contact avec ses expériences sensorielles et émotionnelles, s'il est en « parole incarnée », il a plus ou moins mis en veilleuse ses capacités raisonnantes ou rationalisantes. On peut dire que jusqu'à un certain point, il retrouve un fonctionnement psychique enfantin. Il n'y a rien de péjoratif dans cette notation, bien au contraire. En se rapprochant de ses pulsions d'enfance, la personne est proche de son inconscient. Et si le mot ne vous effraie pas, on peut également parler d'état légèrement hypnotique, au sens où la personne est orientée vers ce qui se passe à l'intérieur d'elle-même et a déconnecté, un peu comme dans le yoga ou la sophrologie, son attention des stimulations extérieures et de ses tendances raisonnantes. Or, dans cet état, l'individu renoue avec une inclination enfantine qui est d'entendre à la lettre ce qu'on lui dit, selon cette fameuse formule : « Avez-vous l'heure ? », « Oui. » S'il entend : « Pouvez-vous ? », il pourra parfaitement répondre : « Oui, je peux. » S'il entend : « Essayez », il entendra vraiment « essayez », et non plus seulement un détour de politesse.

Un petit café ?

Parmi nos tics nationaux, il y a l'usage permanent du mot « *petit* ». Le serveur propose un « petit dessert » ou un « petit café », la voisine fait une « petite visite », le facteur demande une « petite signature », le fournisseur présente sa « petite note », le médecin rédige une « petite ordonnance » pour un « petit traitement ». J'ai même entendu un pompiste – il en reste quelques-uns – me proposer un « petit plein » ! On pourrait trouver beaucoup d'autres exemples qui, sans doute, se justifient dans le langage courant par un désir de discrétion et de légèreté, et par l'assimilation de « petit » à « gentil », « aimable », « inoffensif ». Le facteur qui veut une « petite signature » nous dit qu'il ne va pas nous déranger trop longtemps. Le serveur de restaurant, avec son « petit dessert » ou son « petit café », donne à sa proposition une allure gentille et juste un peu familière. La voisine espère ne pas nous ennuyer avec sa « petite visite ». Mais l'enfant à qui vous demandez de faire un « petit dessin » comprend qu'il doit réaliser un dessin petit.

Il est donc utile, dans nos métiers, de débarrasser notre langage de certains oripeaux prétendument polis. Dès l'instant où une personne a accepté le type de relation que nous lui proposons, quand elle a accepté de se mettre en situation de « parole incarnée », d'après la terminologie de Pierre Vermersch, ces tournures sont des freins au niveau de communication recherchée : communication adressée directement à la partie du psychisme qui fonctionne avec des images, des sensations, des émotions, et utilise des liens d'association plutôt que de raisonnement.

Affirmer

La partie de notre psychisme qui fonctionne spontanément dans nos rêves et nos rêveries, s'accommode mal de phrases négatives. Pour vous en convaincre, il vous suffit d'essayer – cette fois je dis bien essayer – de ne pas penser à un éléphant bleu, ou de vous imaginer en train de ne pas danser. Plus vous souhaitez atteindre « la parole incarnée », plus vous devez veiller à vous exprimer par l'affirmative. J'ai croisé un jour sur un trottoir une mère qui, courant derrière un petit à la démarche encore incertaine, lui criait : « Tombe pas... Tombe pas ! » Ordonner à quelqu'un de « ne pas tomber » peut être avantageusement remplacé par des consignes sur la manière de se tenir debout ! Dans cette phrase, le mot « tomber » a été prononcé. C'est celui-là qui va être entendu par l'enfant.

Les professionnels de la publicité et de la propagande connaissent ce principe, qui a été conforté par des études menées scientifiquement. Si vous diffusez des phrases négatives du type : « Le casoar n'est pas un mammifère » et que, quelque temps après, vous faites faire un test de mémorisation, vous vous apercevrez que c'est l'association casoar-mammifère qui a été retenue. Beaucoup de gens répondent donc que le casoar est un mammifère (c'est un oiseau !). En effet, notre mémoire fonctionnant par association d'images et d'idées, la négation n'y a pas vraiment de place. Elle se voit donc éliminée sans autre forme de procès, et c'est la phrase sans négation qui est retenue. D'où l'inutilité des démarches de démenti et de dénégation, imprimant davantage dans les cerveaux ce que vous prétendez démentir. Les conseillers des hommes politiques connaissent ce type de phénomène et conseillent : « Si on dit du mal de vous, ne démentez pas, contre-attaquez ! »

Toute consigne formulée négativement a donc de fortes chances de manquer son but : plus nous empruntons un fonctionnement psychique proche de l'inconscient, du rêve, de la « parole incarnée » ou de l'hypnose, plus nous sommes imperméables à une consigne négative. C'est d'ailleurs ce niveau de fonctionnement psychique que tentent d'atteindre les publicitaires, là où les propos se comprennent à la lettre et s'inscrivent sans trop de distance critique dans notre mémoire. C'est pourquoi la publicité utilise si souvent la forme grammaticale de l'apposition : des termes comme le « contrat-minceur », le « sachet-fraîcheur », sont des manières de s'adresser, au-delà du raisonnement, à la partie du psychisme qui associe des images plutôt que d'enchaîner des idées, et de suggérer des liens irrationnels non vérifiés.

La consigne négative est souvent paradoxale : « Faites comme si je n'étais pas là... ne faites pas attention à moi, évitez de penser à... » Le moyen d'obéir à une telle injonction ?

Et surtout, la consigne négative énonce ce que vous ne devez pas faire, ce à quoi vous ne devez pas penser, où vous ne devez pas aller et ne dit rien sur quoi faire, quoi penser, où aller.

L'état désiré

Nous avons déjà abordé la question de l'**état présent** et de l'**état désiré**◆. Il est essentiel que l'état intérieur auquel nous désirons accéder, l'objectif à atteindre, soient exprimés en termes affirmatifs. « Je voudrais ne plus avoir peur, ne plus me mettre en colère. » C'est bien, mais que souhaitez-vous à la place ? Les marins déclarent la même chose dans leur proverbe : « Il n'y a pas de bon vent pour celui qui ne sait pas où il va. »

Nous avons intérêt à nous représenter très clairement et précisément le but que nous souhaitons atteindre. Demandons donc à la personne de décrire ce qui se passera quand elle aura atteint son objectif, lequel peut être un résultat visible extérieurement (record sportif), ou un état intérieur (apaisement, combativité...). Posons donc la question : « Quand vous aurez atteint votre but, que se passera-t-il en vous, autour de vous ? » Remarquons d'ailleurs l'aspect délibérément suggestif de : « Quand vous aurez atteint... », plutôt que : « Si un jour vous arriviez à... »

Ce type d'interrogation est un outil puissant pour aider à distinguer les buts et les moyens. Il est particulièrement précieux quand le moyen est psychiquement envahissant. Prenons l'exemple d'entretiens précédant l'interruption volontaire de grossesse (IVG) : une *absence* de grossesse, une *absence* d'enfant, une *absence* de quoi que ce soit ne sauraient être des buts. Parlons donc du projet de vie, et de l'IVG comme seulement un moyen au service de ce projet. Faisons découvrir les désirs et les priorités. Vous vous mettez ainsi d'emblée au service de l'identité de la personne, en respectant ce qui est important pour elle. Vous l'aidez à sortir du cycle culpabilité-justification qui n'apporte rien.

La description de l'état désiré, quand elle est suffisamment explicite et détaillée, est en elle-même une action thérapeutique. Parfois même elle

◆ Voir l'encadré plus bas.

suffit car, dans certains cas, le seul fait d'exposer une image claire et précise de ses désirs amène à constater que ce but est accessible. La personne ressent qu'elle a en elle les ressources et les capacités pour atteindre ce but sans aide extérieure. Dans d'autres cas, il ne s'agira que d'une première étape, la suivante pouvant être de constater : « Dans d'autres circonstances, dans d'autres lieux, je dispose de ces ressources et de ces capacités. Quelle motivation cachée m'empêche d'y recourir dans ce cas précis? Est-ce qu'une partie de moi craint quelque chose? » Le contact est pris avec le « pour quoi? » du problème.

Connoter positivement

« Le contraire d'une affirmation
juste est une affirmation fausse;
mais le contraire d'une vérité profonde
peut être une autre vérité profonde. »

Niels Bohr.

La connotation positive est une des techniques qui a suscité un grand nombre de malentendus. L'une des sources de ces malentendus est l'usage du mot « positif » dans des cadres théoriques différents du nôtre. Cet usage n'est pas illicite, et c'est à nous de préciser comment nous l'entendons, en quoi il est différent des termes « pensée positive » ou « positiver » rencontrés dans d'autres contextes.

Que signifie : « connoter positivement »?

Connoter positivement ne consiste pas à nier les aspects négatifs d'une situation, mais à en privilégier l'aspect positif. Prenons quelques exemples.

À quelqu'un qui vous annonce : « J'ai fait quelque chose de mal, je suis coupable », si vous répondez : « Mais non voyons, vous n'êtes pas coupable », ou : « Allons, allons, ce n'est pas si grave que cela », vous signifiez à la personne que vous considérez comme non avenue la perception qu'elle a d'elle-même. D'une certaine manière, vous lui dites que sa pensée ne vaut rien. Il ne faudra pas vous étonner qu'elle se sente incomprise et non reconnue dans son système de pensée et de croyances. Cette notion est importante car beaucoup de praticiens s'imaginent qu'ils doivent « déculpabiliser » la personne, et cherchant à déculpabiliser, nient la valeur du sentiment de culpabilité de leur interlocuteur. Les gens ont le droit de penser ce qu'ils pensent, et nous le devoir de l'accepter, d'autant plus que nous serons souvent les seuls à le faire.

En effet, on remarque dans notre société une tendance générale à répondre : « Mais non, voyons ! » à tout ce qu'une personne peut dire de plus ou moins négatif, ou qui est perçu comme négatif, sur elle-même. Cette propension frise parfois le ridicule tellement elle est systématique. Vous ne pouvez pas affirmer que vous avez quelques rides, le nez plus long que la moyenne, les oreilles comme ceci ou cela, sans que quelqu'un s'exclame : « Mais non, voyons, tu te fais des idées ! » On n'en finit pas de dénier aux autres le droit de penser ce qu'ils pensent sur eux-mêmes. Les gens ont le droit de croire ce qu'ils croient, même si ces opinions nous ennuient ou nous paraissent nuisibles pour eux. Dans ce dernier cas, à nous de trouver le moyen de les aider à adopter des pensées qui leur permettent de mieux vivre, mais sans jamais leur reprocher celles qu'ils ont.

Choisir le côté positif d'une expérience, c'est s'orienter vers ce que la personne en a retiré ou va pouvoir en faire. Cette connotation positive peut prendre la forme d'une question :

– « Qu'est-ce que cette expérience vous a appris sur vous-même, sur la vie, sur le monde ? »

– « Quelles leçons, quels enseignements en avez-vous tirés ? »

– « Quelles qualités avez-vous développées pour résister dans ces circonstances difficiles ? Pour survivre ? »

– « Quelle force intérieure vous a permis de vous en sortir ? »

Si vous avez commis une erreur, une faute ou un crime, comment pouvez-vous imaginer de racheter ce que vous avez fait, d'obtenir le pardon des autres ou de vous-même ?

Prenons le cas d'une expérience extrême qui est celle des camps de concentration. De cette terrible épreuve certains ont conclu qu'ils ne pourraient plus jamais vivre heureux. D'autres en ont dégagé un extraordinaire dynamisme militant. D'autres enfin, comme en a témoigné Simone Weil, femme politique et ministre, une philosophie de la vie où il n'est plus jamais question de s'embarrasser de problèmes mineurs. B. Bettelheim s'est inspiré de cette expérience pour réfléchir et théoriser sur le fonctionnement de l'être humain en général, et sur la psychose en particulier. Vous ne pouvez pas agir sur l'événement passé, mais vous pouvez beaucoup sur les conclusions et les enseignements qu'une personne a construits mentalement à partir de cette expérience. En effet, ce qui nous fait souffrir, ce ne sont pas les événements du passé, qui sont passés, mais le réseau de pensées, de croyances et d'émotions que nous entretenons désormais à leur sujet.

De nombreuses personnes attribuent leur malaise à une pénible expérience vécue durant leur enfance :

« J'ai eu une naissance difficile, je pesais trois livres, je ne respirais pas, on m'a cru mort, on m'a mis dans un coin pendant toute une journée, c'est la femme de ménage qui a vu que je bougeais... » On peut compatir à un début de vie difficile et s'apitoyer; on peut supposer que cette histoire est la cause de difficultés actuelles. On peut aussi dire : « Quelle énergie, quelle envie de vivre vous aviez pour avoir survécu en bonne santé ! »

« Quand j'étais petite, je suis sûre qu'on a tenté de m'étouffer.

– Et vous ne vous êtes pas laissée faire, vous êtes là, vivante, la vie a été la plus forte. »

« Ma naissance n'a pas été la bienvenue, j'étais le sixième enfant, ma mère ne voulait pas de moi.

– Comment vous êtes-vous débrouillé pour avoir été quand même élevé et aimé ? »

La biographie de nos grands hommes est emplie de conditions *a priori* négatives qu'ils ont utilisées pour grandir et progresser : Aragon, qui devait percevoir confusément un mystère et un non-dit sur sa filiation, a, déjà avant de savoir lire et écrire, imaginé et dicté à sa famille des récits où des enfants perdus ou enlevés, partaient à l'assaut du secret de leur naissance et retrouvaient leur famille dans de grands élans d'amour et de repentir. Bien sûr, nous ne pouvons réduire son génie littéraire à cette circonstance, mais le jeune Aragon a transformé en positif ce que d'autres auraient vécu comme un handicap et cause de tous leurs échecs. Salvador Dali, chargé implicitement, à sa naissance, de remplacer un enfant mort, s'est vu confronté au dilemme d'être lui ou d'être l'autre et a trouvé comme solution de devenir génial et célèbre. Cela, naturellement, n'explique pas tout; mais ces exemples illustrent comment nous, praticiens, pouvons orienter notre investigation sur cette question : les difficultés, les handicaps, les malheurs de votre vie, comment les avez-vous transformés en un principe moteur pour survivre, progresser et réussir ?

Tout malheur peut se connoter positivement. C'est une simple question de point de vue... et l'émotion déclenchée par ce type d'intervention est le signe que du nouveau se construit dans les pensées et les croyances de votre interlocuteur. J'en ai quotidiennement la preuve.

Tout peut se connoter positivement, même, nous l'avons vu, une tentative de suicide ou un infarctus, dans la mesure où vous vous attachez au but, ou du moins, à l'effet produit ou à produire. Ce sont les moyens utilisés par le patient pour arriver à ses fins qui peuvent être remis en question. Pour pratiquer la connotation positive avec aisance, il n'y a qu'une solution : s'en convaincre d'abord, s'y entraîner ensuite, jusqu'à ce qu'elle devienne une seconde nature.

Si la connotation positive d'une expérience nous apparaît provisoirement délicate, il est toujours possible d'interroger la personne sur l'apport de cette expérience pour elle ; ce qu'elle lui a appris sur la vie, sur les autres, et sur les désirs qu'elle a suscités. Cette technique est une aide remarquable pour dépasser le ressassement stérile du passé.

Recadrer

La connotation positive est aussi appelée **recadrage** au sens où l'on envisage une situation sur laquelle une personne a pris l'habitude d'avoir un certain regard, en lui soumettant un autre regard, une autre perspective. Vous avez l'habitude de contempler un certain paysage de votre fenêtre, et je vais vous proposer de regarder ce même paysage depuis la colline d'en face, ou d'un avion. Observer d'avion un paysage ne change pas le paysage mais seulement notre manière de le voir. Cette nouvelle manière n'est pas meilleure que la précédente, tout dépend de votre projet : si vous êtes jardinier, vous avez intérêt à garder les pieds au sol, si vous êtes urbaniste, géographe ou espion, le point de vue aérien pourra être le meilleur pour vous, tout au moins à certains moments. L'ennui serait que le jardinier croie qu'il n'existe pas d'autre point de vue que le sien propre, et réciproquement pour l'aviateur.

RECADRAGE

On ne change pas les faits, on peut changer la perception qu'on en a, les émotions qui leur sont liées. C'est le but de toute intervention thérapeutique, et en particulier du **recadrage**.

Recadrer, c'est proposer *une autre vision de la même chose.*

Le recadrage thérapeutique va toujours du négatif au positif : c'est une **connotation positive**, c'est-à-dire un choix de privilégier l'aspect positif d'une situation ou d'un comportement.

On peut recadrer dans une affirmation ou dans une question.

On recadre :

– Sur le plan du **contexte** : « Ce trait de caractère que vous avez appelé « timidité », y a-t-il des circonstances où il vous a rendu service, protégé d'une imprudence? »; « Vous avez la phobie des restaurants, voilà qui est bon pour le régime! »

– Sur le plan du **sens**. À quelqu'un qui dit « Dans mon enfance, j'ai été battu, orphelin, violé, malade », il y a deux styles de réponses possibles :

1. « Comme c'est affreux, comme vous avez dû souffrir! »
2. « Quelle force, quelle énergie il vous a fallu pour vous en sortir! ou bien « Expliquez-moi comment vous avez fait pour survivre, devenir un adulte intégré, avoir une vie affective satisfaisante malgré tout... »

C'est ce second type de réponse qui est thérapeutique, en mettant l'accent sur *un autre aspect* du même fait.

Un recadrage peut parfois se faire simplement en remplaçant un mot par un autre, immédiatement ou de manière différée : ainsi, à un parent qui se plaint que son enfant est turbulent et épuisant, vous pourrez introduire, quelques propositions plus tard : « Cette vitalité dont vous me parliez tout à l'heure... » La timidité deviendra réserve et discrétion, la peur deviendra prudence, etc.

« Que veut la partie de vous qui vous fait agir ainsi? » est une invitation au recadrage par la personne elle-même.

Un recadrage est **systémique** quand il connote positivement le comportement d'une personne comme un dévouement à un fonctionnement, à un équilibre du groupe social ou familial :

– « Tu te rends insupportable afin que tes parents cessent de se quereller pour s'occuper de toi. »

– « Ton anorexie réunit la famille, ramène ta grande sœur à la maison, recrée une magnifique solidarité familiale. »

– « Peut-être percevez-vous intuitivement que votre mari ne supporterait pas d'avoir une femme sexuellement épanouie. »

Dans certains contextes le recadrage peut se prolonger en **prescription du symptôme** : « Continue d'être malade, tes parents ne sont pas du tout prêts à supporter que leurs enfants deviennent autonomes... Ton dévouement est magnifique, mais il me semble que tu devrais en faire davantage, sacrifier pour longtemps ta croissance, ta liberté, ton accès à la vie amoureuse... » Sont alors visés :

– la remise à la personne de la responsabilité de ce qu'elle vit et éprouve;

– l'accès de la famille à la **métacommunication**;

– une réaction émotionnelle, un sursaut des désirs refoulés : « Mais enfin, je peux vivre! Je ne vais pas passer ma vie à soigner mes parents! »

On ne propose un recadrage que lorsque l'on est sûr que la relation instaurée est bonne, et dans le but de déclencher de nouvelles émotions. Rien ne change sans émotion.

Cette possibilité d'adopter un point de vue différent selon les circonstances et les projets envisagés est le fonctionnement même de l'intelligence. C'est une opération souvent très naturelle. Si une perspective ne me donne pas satisfaction, j'en cherche une autre. Si un point de vue me convient, j'en examinerai peut-être un autre pour aviser s'il ne serait pas encore plus créateur. Si scientifiques, philosophes, poètes, humoristes ont particulièrement développé cette disposition, elle est en chacun de nous à des degrés d'entraînement variés. Or, nous laissons parfois cette aptitude de côté et elle peut avoir besoin d'être réactivée, tout particulièrement quand l'affectif et l'enjeu émotionnel sont si forts que nous n'arrivons plus à laisser notre pensée aller et venir d'un point de vue à un autre.

Les personnes que nous recevons traversent cette difficulté; leur aptitude à changer de point de vue s'est bloquée, soit complètement, soit sur un petit problème, d'une manière durable ou provisoire. À nous de les faire monter dans l'avion, ou redescendre dans leur jardin.

Le point de vue positif n'est donc pas plus vrai qu'un autre, il permet seulement d'obtenir certains effets.

D'abord, du simple fait qu'il est un changement de point de vue, il remet en mouvement la pensée, il desserre ce qui bloquait l'intelligence. J'y perçois l'une des explications possibles au plaisir que manifestent les groupes qui s'exercent au recadrage, lors de stages de formation. Je retrouve parfois le même plaisir chez des patients, simplement heureux de dégourdir leur intelligence.

Changer l'image

Quand on recadre le comportement d'un enfant devant ses parents, on pourrait croire qu'on ne change pas grand-chose... Sinon l'image de l'enfant dans l'esprit des parents. Or, ce changement rendra caducs toutes sortes de comportements de cet enfant, simplement parce que ceux-ci seront reçus autrement; il s'ensuit un changement de comportements chez les parents, dont la vision a été renouvelée, « recadrée ». Et si nous ne trouvons pas tout de suite le recadrage efficient, le simple fait de le chercher suppose une démarche recadrante : « Qu'est-ce que ce petit garçon peut bien essayer de provoquer en agissant ainsi? À quelle cause se dévoue-t-il? »

Connoter positivement le comportement d'un enfant, ou rechercher son « pour quoi? », équivaut à la même démarche. Aussi aberrant que paraisse le comportement de l'enfant, il a toujours une intention positive. Dans beaucoup de cas, la modification du regard du parent sur l'enfant est une intervention suffisante : rendus à leur intelligence naturelle, dans le cadre de l'amour qu'ils se portent mutuellement, les parents et l'enfant trouveront ensemble quoi faire de neuf.

Reprenons, dans cette optique, l'histoire de la petite Sophie, qui est convaincue que ses parents ne s'occupent d'elle que parce qu'elle est une « mauvaise élève ». L'analyse de Sophie est-elle exacte, personne ne s'occuperait donc plus d'elle si elle devenait une bonne écolière ? C'est peu probable, mais forte de l'expérience de cette mobilisation parentale autour de son « incapacité », elle le croit. Plus exactement, une partie d'elle en est persuadée, et cette partie n'est pas suffisamment consciente et capable d'expression pour dire explicitement : « Papa, Maman, je suis là, donnez un peu moins à ma petite sœur et faites-moi une place suffisante », ou pour poser la question : « Si je travaille bien en classe, quelle autre place me donnerez-vous ? » C'est par surprise, dans l'atmosphère un peu dramatisée de cette consultation, que la réponse a jailli◆.

Peut-on dire que la « partie » de Sophie qui lui fait répéter un échec scolaire pour qu'on s'occupe d'elle se confond avec son inconscient ? Je préfère dire que cette partie était semi-consciente, à fleur de conscience, comme c'est souvent le cas chez les enfants. Il a fallu à la fois la bienveillance de la relation et le choc d'une question sans détour, presque brutale, pour que cette réponse émerge. Il n'est d'ailleurs pas exclu que Sophie en ait elle-même été surprise. Savait-elle ce qu'elle nous a dit ? Peu importe. Ce qui est capital, c'est qu'elle ait entendu et accepté ce recadrage, et plus encore, que sa mère l'ait entendu. Il n'est pas possible, après cela, que l'enfant et les parents conservent leur comportement antérieur.

En effet, quand nous avons demandé à la mère de Sophie si elle connaissait la logique du comportement d'échec de sa fille ou si elle le découvrait, elle a répondu, émue : « Je découvre. » Qu'a-t-elle fait après cette découverte, qu'en a-t-elle dit à son mari, quels comportements nouveaux ont-ils mis en place, nous l'ignorons : la famille n'est pas revenue. Il se trouve que nous avons dans le milieu scolaire du quartier un réseau de liens et d'informations suffisant pour savoir que Sophie ne figure plus sur la liste des enfants dont la conduite inquiète les enseignants. Nous croyons que ces parents, une fois munis de l'information, ont été suffisamment ouverts et à l'écoute de leurs enfants pour régler eux-mêmes cette affaire comme ils le font d'ordinaire pour les difficultés de la vie de famille ; et qu'ils seront à même de revenir nous voir s'ils s'estiment de nouveau dépassés.

◆ Voir le cas de Sophie (chap. 2).

Car ne l'oublions pas : dans une famille où les gens s'écoutent suffisamment et communiquent sur ce qui leur arrive, la plupart de ces problèmes se règlent au jour le jour, sans l'aide de personne. Et il se trouve que ce sont aussi ces mêmes familles qui ne se sentent pas déchoir en venant demander un coup de main quand une situation se coince.

Pour un adulte, la reconnaissance de la fonction positive du symptôme est souvent aussi un grand moment où l'émotion et l'intelligence se rejoignent. Plus rien ne sera identique après.

Connoter chaque tendance

Enfin, rien n'empêche, quand une personne est divisée entre deux tendances contradictoires, de connoter positivement les deux tendances. Souvent, le praticien connote seulement la partie qu'on lui présente comme mauvaise ; mais nous sommes souvent partagés entre deux tendances qui ont manifestement chacune une bonne intention pour nous ou pour notre entourage : que cherche la partie de vous qui vous veut femme au foyer, quelles sont les aspirations de celle qui vous pousse vers une vie professionnelle ? Qu'exige la partie de vous qui vous fait travailler le soir jusqu'à des heures impossibles ? Que veut celle qui, à partir d'une certaine heure, vous rend peu efficace en vous harcelant avec les images de votre famille qui vous attend ? Que souhaite la partie de vous qui vous installe devant la télévision ? Que réclame celle qui vous empêche de la regarder paisiblement en répétant que vous devriez être en train de faire du jogging ?

Poser la question du risque est également une manière de connoter positivement : « Si vous arrêtiez de faire ce que vous faites, est-ce que cela pourrait avoir un inconvénient pour vous-même ou pour une personne de votre entourage ? Qui craint que vous ayez le permis, votre diplôme de fin d'étude ou assez d'autonomie pour aller vivre à l'étranger » ? Ce type de questionnement est une invitation à aborder le problème autrement.

Il peut être également utile d'avoir à l'esprit une sorte de lexique des recadrages les plus fréquemment pertinents. À condition que cela ne nous empêche pas d'écouter avec des oreilles neuves ce qui vient de notre interlocuteur.

Si je me trompe ?

Et si vous recadrez de travers ? Et si vous proposiez un autre sens, une connotation, que votre client ou patient réfute, en vous faisant savoir que vous n'avez rien compris ? Je vous propose de vous accorder le droit de vous tromper. On a le droit de se tromper à deux conditions :

– ne pas s'obstiner dans une voie qui ne donne rien, c'est-à-dire ne pas prétendre à tout prix que vous avez raison quand votre intervention ne trouve pas l'écho que mériterait sa finesse supposée ;

– savoir maintenir la relation.

Ces deux choses vont étroitement ensemble. Si la relation est bonne, vous pouvez très bien dire en substance : « J'avais pensé à cela, mais je vois à votre réaction que ce n'est pas la bonne piste et, en collaboration avec vous, je vais en chercher une autre. » Ce genre d'attitude entretient une relation satisfaisante : vous renvoyez l'image de quelqu'un qui cherche sincèrement, qui ne trouve pas toujours et qui n'en est pas affecté, car il ne se prend pas pour le Bon Dieu. Vous êtes une personne à la fois suffisamment modeste et suffisamment convaincue de sa compétence. Vous instaurez l'idée d'une relation de coopération, où chacun, à sa place, participe à la compréhension et à l'évolution du problème.

Séparer les buts et les moyens

Quand le « pour quoi ? » est exploré, que se passe-t-il et que peut-on faire ?

Nous avons noté que la mise au jour du « pour quoi ? » est parfois suffisante pour que la personne reconsidère et rééquilibre ses comportements et que ses émotions se remanient d'elles-mêmes. D'autres fois, ce sont les représentations des proches, donc leurs comportements, qui vont être forcément différents après cette révélation. Comment agit donc cette révélation et comment pouvons-nous la favoriser ?

La mise au jour du « pour quoi ? » permettra de se poser la question du prix à payer pour résoudre le problème, par exemple : « Vais-je continuer à dépenser autant d'énergie pour tenter de changer mes parents ? L'enjeu en vaut-il la peine ? Comme cela échoue, faut-il que j'en fasse encore plus ? »

Trouver une solution qui marche

Rendons hommage au créateur – ou génial diffuseur ? – de la notion de « encore plus de la même chose », P. Watzlawick◆, l'un des fondateurs les plus connus en France de l'École de Palo Alto et de la pensée systémique. Nous avons tous tendance, quand quelque chose ne marche pas, à répéter

◆ Voir Bibliographie.

cette même chose, au lieu de nous dire : « Puisque ça ne fonctionne pas, essayons une autre méthode. » Si chacun de nous se retournait sur lui-même et sur ses propres manières d'agir, il reconnaîtrait cette tendance dans diverses pratiques de sa vie relationnelle, professionnelle ou dans l'éducation de ses enfants : « Ça ne marche pas, alors je recommence. »

Quand une personne m'assure fournir autant d'efforts pour obtenir tel comportement, telle émotion chez une personne de son entourage, il m'arrive de lui demander tout simplement : « Et ça marche ?

– Eh bien non, ça ne marche pas.

– Alors on continue, ou on essaie autre chose ? »

Ce processus fonctionne souvent dans la vie conjugale. L'exemple de Solange est représentatif : elle a épousé un homme qui est tout entier tourné vers l'action, la conquête et le dépassement de soi, et qui considère que rien n'est plus dangereux que de parler d'émotions et de sentiments. Solange a longtemps partagé cette vision de la vie, mais les circonstances l'ont amenée à désirer autre chose. Elle a suivi des stages d'évolution personnelle, et a eu de nouvelles demandes envers son mari. Celui-ci s'affole et raidit encore son attitude première ; en le harcelant et le persécutant pour obtenir ce qu'elle veut, Solange met en route un cycle infernal. On continue ou on essaie autre chose ? Beaucoup de femmes témoignent de l'évolution de leur relation conjugale à partir du moment où elles ont appris à moins exiger de leur conjoint. Ainsi en est-il d'Hélène qui supportait mal de voir son ami rester si longtemps devant la télévision. Quand elle a accepté de cesser de pleurer et de trépigner pour tout simplement s'occuper de ses désirs personnels, sortir sans lui, aller faire seule ce qui lui faisait plaisir, et qu'elle a cessé de l'accabler d'exigences qui l'effrayaient et le poussaient d'autant plus à se réfugier devant son écran, alors, dit-elle, « il s'est mis à venir beaucoup plus vers moi ».

La question : « Ça marche ? » peut aider certaines personnes à recentrer leur pensée. Ce sont des personnes si obnubilées par les moyens qu'elles en oublient la finalité. Leur demander « Dans quel but faites-vous ceci ? » puis : « Et ça marche ? » leur permet de remettre les choses en place : Le but à sa place de but, le moyen pouvant être remplacé par un autre, s'il se révèle ne pas être le bon (souvenons-nous de Jocelyne s'exclamant : « Je ne veux pas faire un autre infarctus ! »).

La même méthode a un rôle à jouer dans l'éducation des enfants. Dire : « J'ai beau lui donner des fessées, il continue à mouiller sa culotte » est une manière de dire : « Je fais toujours plus de ce qui ne marche pas. » Et si vous essayiez autre chose ?

Harmoniser les buts et les moyens

Un objectif est aussi un moyen pour atteindre un objectif plus élevé ou plus lointain, et on peut assouplir la pensée de l'autre en l'aidant à circuler dans sa hiérarchie d'objectifs. « Je veux que mon enfant dise "s'il te plaît" et "merci". » C'est bien, mais dans quel but? Et ce but est-il au service d'un autre but? La personne peut ainsi apprendre à négocier entre ce qui est important et ce qui l'est moins, ce qui est urgent et ce qui peut attendre, ce qui est une valeur en soi et ce qui n'est que le signe de l'approche de cette valeur. Je veux que mon enfant dise « merci » : est-ce pour qu'il me fasse honneur, est-ce pour qu'il sache qui commande, est-ce à cause du jugement de ma belle-mère, est-ce pour qu'un jour il devienne un adulte bien intégré dans une certaine société? Une fois que l'objectif est déterminé, le fait qu'il dise « merci » à 3 ans est-il signe qu'il est en bonne voie vers cet objectif, ou est-ce que ce pourrait être révélateur d'autre chose? Quelle devra être la prochaine étape? On comprend par cet exemple comment le simple questionnement sur le but et les moyens ouvre l'horizon et permet une promenade fructueuse entre but, but de ce but, objectif final, signes et critères de réussite. La personne qui avait le regard vissé sur un comportement pourra relever les yeux, embrasser l'horizon, relativiser ses attitudes et peut-être se fixer un nouvel échéancier pour réussir à atteindre son objectif.

Certains buts, lorsqu'ils sont révélés, semblent finalement peu intéressants : ainsi Sandrine raconte-t-elle sur un ton triomphant la « vacherie » qu'elle a « balancée » à son ami. Si je lui avais demandé pourquoi elle avait affirmé cela, j'aurais sans doute obtenu une réponse expliquant comme il l'avait bien mérité. Mais j'ai demandé : « Quel but aviez-vous quand vous lui avez dit ça? » et, après un bref instant de réflexion, son excitation agressive est tombée : « Oui, au fond, j'ai dit ça pour le faire souffrir... » On retrouve ici la recherche de la hiérarchie des buts : si faire souffrir son ami a une fonction au regard d'un certain objectif, peut-être que cela en vaut la peine, au moins provisoirement, mais si ce n'est pas le cas?

L'éclaircissement du « pour quoi? » va permettre d'explorer des moyens plus adéquats à la réalisation du but mis en évidence. Lucas peut-il raisonnablement compter, pour aborder la vie d'adulte, sur les forces et les ressources dont il dispose, sur les personnes qui l'entourent et le soutiennent? Nathalie peut-elle imaginer d'autres moyens d'attirer l'attention de sa famille, d'autres moyens de vérifier que ses parents l'aiment? Alexandre est-il capable de trouver, pour se mettre en vacances, des méthodes moins coûteuses, en énergie et en émotion, qu'une crise d'asthme ? La réponse, ou les réponses à ces questions, sont susceptibles de rendre caducs beaucoup de symptômes, y compris des symptômes à manifestation très inquiétante, comme la dépression, les accès d'angoisse ou le désir de suicide.

Drogues et toxicomanies

Quand un fumeur sait mieux qu'avant à quoi lui sert de fumer et que les objectifs qui lui sont apparus sont reconnus comme valables et respectables, il lui sera alors relativement facile, avec notre aide, de trouver des manières moins toxiques d'atteindre ces mêmes objectifs.

Hélas, plus une drogue est dure, plus la remplacer devient difficile. On dit volontiers des personnes droguées qu'elles se comportent ainsi *à cause* d'un inconscient livré à des pulsions suicidaires et qu'elles veulent, par ce comportement, se détruire… c'est-à-dire qu'on donne directement une interprétation des supposées motivations inconscientes. Mais au nom de quoi peut-on demander à une personne intoxiquée de renoncer à sa drogue si rien d'autre dans sa vie ne peut lui apporter autant de plaisir et de plénitude ? Par quoi remplacer le flash de l'héroïne quand on sait que, bloquée dans ses études, sans ouverture professionnelle passionnante et privée des plaisirs liés à l'argent, la personne va se retrouver avec un grand vide intérieur ? Comment combler ce vide ? Pour les plus chanceux, une rencontre amoureuse assumera cette fonction. D'autres se retrouveront dans une telle misère, une telle absence de plaisir, qu'il leur sera très difficile, voire impossible, de se reconstruire autour d'un autre projet.

Le questionnement du « pour quoi ? » permet d'entrer en contact et de sympathiser avec ces personnes ; leur dire : « Vous prenez de la drogue parce que c'est agréable, *pour* vous donner du plaisir, *pour* vous sentir bien », est-ce trop évident ? Peut-être que cela va sans dire, mais parfois, on oublie d'y penser. Du coup, on se bat *contre* la drogue, alors que si on prenait d'abord en compte le fait que la drogue est comme un « cadeau » pour la personne, un plaisir qui apporte la plénitude, on pourrait ensuite dire : « Le but est bon, les moyens ne le sont pas ; respectons ce but et cherchons des moyens qui aient des conséquences moins néfastes. » Toute drogue représente avant tout une solution avant de devenir un problème.

CHAPITRE 10

Le couple et le « pour quoi? »

« Toute douleur qui n'aide personne est absurde. »

André Malraux, *Antimémoires*.

L'équilibre dans le couple : Nicolas et Sandra

Nicolas et Sandra se présentent comme un couple jeune, amoureux, très désireux de construire une solide relation de couple. Pourtant, il vivent une difficulté : l'éjaculation précoce de Nicolas.

C'est Sandra qui demande le rendez-vous, c'est elle qui prend la parole la première. Manifestement, la jeune femme se présente comme celle qui mène le jeu. Nicolas, tranquille et souriant, se laisse porter. Il est d'accord avec tout ce qu'elle dit. J'apprends que Sandra a arraché Nicolas à une vie nonchalante et insouciante, où le travail tenait moins de place que la musique, les copains, les longues heures au bistrot et l'usage modéré de drogues douces. Elle l'a emmené dans une autre région, où il travaille maintenant régulièrement. Avec tendresse et efficacité, elle le tient et le contrôle, le priant d'être conforme à son modèle de mari. Et Nicolas y consent : son amour est sincère, ainsi que son désir de répondre à l'attente de Sandra. En première analyse, tout paraît aller bien.

Sauf que... Sandra a beaucoup souffert, dans son enfance et son adolescence, du poids d'une mère très autoritaire, souvent même violente. Consciente de ses propres tendances à mener et à diriger, elle a une très grande appréhension : ressembler à sa mère. Qui peut la délivrer de cette peur? Nicolas, bien sûr! Notre partenaire amoureux a toujours, plus ou moins consciemment, mission de réparer certaines expériences du passé, de soigner des blessures, de nous défendre contre des aspects de nous-mêmes que nous n'aimons pas. Alors, à Nicolas, elle ne cesse de dire, sous diverses formes : « S'il te plaît, résiste-moi ! Défends-moi de mes tendances tyranniques ! ». « Je voudrais tant, me dit-elle, qu'il se permette des choses, qu'il se montre libre ! »

Un message paradoxal

Voilà Nicolas piégé dans ce que, en terme de communication, on appelle un « message paradoxal ». L'ambivalence de Sandra et sa lutte contre elle-même se traduisent par une requête impossible : « Je te commande d'être libre, de me désobéir, de me résister... » Qui pourrait obéir à l'ordre de désobéir ? C'est typiquement la demande à laquelle il n'y a pas de réponse possible.

En face d'une injonction paradoxale, la réaction la plus saine est de métacommuniquer, c'est-à-dire de s'expliquer sur ce que l'on perçoit du message. Nicolas pourrait déclarer : « Rends-toi compte que ce que tu me demandes n'a pas de sens. » Mais pour cela, il faudrait qu'il soit l'observateur compétent et serein des messages qui s'échangent entre Sandra et lui-même. Or, Nicolas est amoureux, anxieux de répondre aux désirs de Sandra, et il n'est pas un spécialiste de la communication.

Que lui reste-t-il comme solution ? La colère, la fuite, la confusion mentale... Et puis, celle que l'inconscient de Nicolas a trouvée : résister à Sandra involontairement, malgré lui. C'est l'éjaculation précoce. N'est-ce pas tout simplement remarquable ? Le jeune homme résiste à Sandra sans le vouloir, il lui refuse satisfaction sans le faire exprès, il lui échappe sans lui désobéir...

On comprend ce qui peut découler d'une telle lecture du symptôme : si je félicite l'inconscient de Nicolas de se montrer si créateur dans sa recherche de solutions pour sortir du paradoxe, je propose un **contre-paradoxe**. Une fois que ce fonctionnement est dit, il devient automatiquement caduc : comment Nicolas pourrait-il continuer à « ne pas faire exprès » ? Dès l'instant où ce procédé est commenté, approuvé, voire prescrit, il n'est plus tenable. Il faudra, soit que Nicolas trouve une autre manière de résister, plus consciente et exprimée plus clairement, soit que Sandra modifie sa demande.

Cette méthode d'investigation n'est pas la seule possible. Dans d'autres cadres théoriques et méthodologiques, un thérapeute recherchera les causes du symptôme de Nicolas dans son histoire personnelle et sa fantasmatique particulière. Il est probable qu'il en trouvera : les interprétations se rapportant au psychisme individuel ne sont pas invalidées tout à coup. Cependant on travaille mieux et plus vite en se posant la question du « pour quoi? », dans sa dimension communicationnelle : que cherche à faire cette personne pour son partenaire, à quelle injonction répond-elle? On remarquera d'ailleurs actuellement, dans le domaine de la sexologie, un consensus entre tous les thérapeutes, quelles que soient leurs références théoriques : tout problème sexuel se traite en présence des deux partenaires après avoir vérifié qu'ils veulent rester partenaires.

Le symptôme rend service au couple

Une impuissance sexuelle, une éjaculation précoce, amènent forcément la question du « pour quoi? », mais cette fois en introduisant l'Autre : À qui ce symptôme rend-il service? De quoi le partenaire est-il ainsi protégé? Cette femme supporterait-elle d'avoir un partenaire sexuellement puissant (et, accessoirement, fécond)? Cet homme n'aurait-il pas au fond de son imagerie personnelle l'idée qu'une femme qui a du plaisir est une « putain »? Nous savons que certains hommes rencontrent cette difficulté qui est liée à l'image de la mère. Ceux-ci doivent absolument dissocier le modèle d'une mère, pure et inatteignable, d'un modèle féminin trop accessible, la prostituée. Réunir chez une même femme le respect qu'on doit à la mère et la possibilité de plaisir sexuel leur est insupportable et impossible. Ces hommes transmettront alors à leur femme toutes sortes de messages plus ou moins subliminaux, destinés à leur faire choisir la frigidité.

Ainsi, chacun sera conduit à tenir compte des angoisses de l'autre, et à éviter de les augmenter.

Le domaine de la sexualité est l'un de ceux où se manifeste le plus clairement l'idée qu'aucune causalité n'est univoque, dès l'instant où le symptôme concerne aussi étroitement le lien entre deux personnes : chacun va se conformer, le plus souvent inconsciemment, à la demande implicite de l'autre, lui évitant ainsi d'affronter ses peurs et ses angoisses. On peut ainsi entendre après coup des témoignages comme celui de cette femme qui avait fait un travail sur elle-même : « J'ai été mariée pendant quinze ans à un homme qui était impuissant, et au fond cela m'arrangeait bien. »

Cela peut si bien arranger que W.H. Masters et V.E. Johnson, très célèbres sexologues américains des années 70, enseignant aux femmes des pratiques qui pouvaient aider leur partenaire à retarder l'éjaculation, ont parfois eu des surprises : ils se sont rendu compte que certains échecs de leur méthode provenait d'un subtil sabotage des femmes elles-mêmes qui, au fond, n'avaient pas vraiment envie que la situation s'améliore.

À la suite de ces expériences, ils sont pris l'habitude d'approfondir l'enquête psychologique et relationnelle préalable au traitement.

De la thérapie individuelle à la thérapie de couple

Comment alors traiter un trouble sexuel ? Est-il sûr qu'il faille le traiter ? On risque, bien sûr, d'échouer, ce qui n'est pas forcément le plus grave. On risque surtout d'ébranler un équilibre, certes douloureux, mais qui protège peut-être de souffrances plus grandes. Il importe donc de vérifier avec le couple ce qu'il veut vraiment, de s'assurer d'une motivation suffisante, et surtout commune, à affronter les découvertes que pourrait provoquer un travail thérapeutique. Il importe aussi de vérifier que ce couple est un couple, et qu'il a le désir de le rester. Après tout, si les deux personnes ont pour projet commun d'aménager leur vie de manière à rester des parents corrects tant que cela sera utile à leurs enfants, c'est un projet acceptable et qui ne nécessite pas forcément de prendre les risques d'une investigation psychique approfondie ou d'un ébranlement de l'équilibre en place.

Commençons donc par faire imaginer à chacun ce qui pourrait se passer si la difficulté sexuelle disparaissait. Il est possible qu'on découvre plus de craintes que d'espoir.

On imagine aussi les risques d'une thérapie individuelle, qui fera évoluer les défenses et les limites d'un seul membre du couple. Là aussi, il est important de se donner ses objectifs, et de préciser à quel prix la personne est décidée à les atteindre.

Cependant, les cas où l'évolution de l'un a permis une évolution de l'autre sont légion. En effet, quand une personne devient plus sereine pour elle-même, plus tolérante dans ses croyances et plus libre dans ses choix de vie, elle tend à être plus compréhensive et plus souple avec son partenaire. Celui-ci, moins agressé, moins menacé, sera moins sur la défensive et deviendra plus disponible et plus à l'écoute. On appréciera la phrase de conclusion qu'une femme a faite dans son bilan de fin de thérapie : « Nous sommes devenus indulgents l'un pour l'autre. » Son mari n'avait fait aucune démarche personnelle ; c'est elle qui, en s'occupant progressivement mieux d'elle-même, a arrêté de harceler son conjoint avec des exigences qui exacerbaient ses défenses. En ne se sentant plus mis en danger, ce dernier a cessé de se raidir et est ainsi devenu plus ouvert et compréhensif.

L'idée qu'une thérapie peut « faire divorcer » (ou, pour des croyants, faire perdre la foi), est assez répandue pour que nombre de gens expriment cette inquiétude avant de s'engager. Je crois seulement qu'une thérapie élargit les points de vue, atténue les rigidités et augmente les choix possibles. Sortir d'une ornière n'oblige pas à s'engager sur un autre chemin. On peut décider de continuer le même chemin, ou d'en prendre un autre, ou encore un autre... et c'est cette liberté qui donne le choix.

Cette liberté nouvelle me paraît rendre compte d'une sorte de vertige qui s'empare parfois de personnes en fin de thérapie. Prenons l'exemple de Josiane, qui est si convaincue d'être inintéressante que le fait qu'un garçon tombe amoureux d'elle lui semble une sorte de miracle incompréhensible. Elle se cramponne à ce garçon, convaincue de ne jamais en retrouver un autre, s'il la quittait. Elle redoute les autres jeunes filles, qui sont tellement plus jolies et attirantes ! À mesure que son image d'elle-même s'améliore, elle ouvre les yeux et découvre que d'autres garçons la trouvent charmante. Voilà que maintenant, elle a le choix ! Cette situation inhabituelle, pendant quelque temps, lui est une source d'insécurité et de crainte. Après avoir compris l'origine de sa crainte, Josiane rechoisira, plus librement, de rester avec le même garçon.

Quant à Sandra et Nicolas, ils ont pu créer entre eux une relation plus claire, où Nicolas a effectivement commencé à s'affirmer. Le symptôme n'avait plus lieu d'être et s'est effacé.

Les conflits conjugaux

Quand un couple vient nous prendre à témoin de ses difficultés et de ses conflits, il se trouve quasiment toujours pris dans un combat de moyens. La question du but ou des buts joue alors un rôle privilégié dans l'entretien.

Monsieur A. passe tous ses loisirs à retaper la maison de campagne. C'est pour sa femme, pour qu'elle soit bien et heureuse. Ne sera-t-elle pas contente quand elle pourra laver ses enfants dans une belle salle de bains ? Or, elle est « ingrate et égoïste ». Au lieu de se montrer reconnaissante, elle se plaint de sa solitude et voudrait qu'il vive un peu avec elle, qu'il la relaie aussi auprès des enfants... Chacun des deux se sent incompris et un dialogue de sourds s'est installé. Cris et disputes se multiplient.

Madame B. s'est convaincue que son mari l'a trompée. Elle ne pense qu'à ça, ne veut parler de rien d'autre. « S'il avouait, dit-elle, on pourrait repartir sur de nouvelles bases, mais rien ne sera possible tant qu'il ne se décidera pas à avouer. » La violence même de son discours révèle son désir d'un nouveau départ. Mais son mari jure qu'il n'y a rien à avouer. La situation est bloquée. Madame B. est coincée dans sa propre exigence à laquelle son mari assure ne pouvoir répondre.

Dans le couple C., la femme a trompé son mari, lequel l'a appris. Elle considère cet épisode comme dépassé et ne rêve que de retrouver avec son conjoint une relation d'amour et de bonheur partagé. Cependant cet homme, indigné et ulcéré, a adopté des solutions drastiques : priver sa femme de sorties, la surveiller, lui interdire de téléphoner. « Tu retrouveras ta liberté, dit-il, quand j'aurai la preuve que je peux de nouveau te faire confiance. » Ce à quoi elle répond : « Comment veux-tu que je fasse la preuve de quoi que ce soit dans ces conditions? » Cette femme est dans une colère folle. La relation est dramatiquement bloquée, alors que chacun sera très vite amené à exprimer à quel point il désire un retour à une relation amoureuse et confiante « comme avant ».

Comment intervenir?

Agir sans prendre parti

Si vous pratiquez l'écoute non directive, vous pouvez assister pendant des heures à un ping-pong verbal, jusqu'à ce que les gens se lassent et trouvent finalement que vos entretiens ne font qu'augmenter l'agressivité et aggraver les choses, ce en quoi ils n'ont pas forcément tort.

Si, conscient de l'inutilité d'une répétition interminable de griefs, vous tentez de les faire parler sur un autre sujet, vous entrez en opposition avec l'image qu'ils ont d'eux-mêmes, de la vie et de leur couple. Bon courage pour le combat permanent que vous allez mener contre leur désir, sur lequel au moins ils sont d'accord!

Vous pouvez aussi décider que tel membre du couple est un cas pathologique et l'autre en bonne santé. En fonction de quels critères, de quelle préférence inavouée? Peu importe, vous avez formé une coalition de fait avec une personne contre une autre, laquelle va probablement mettre très rapidement fin à vos rencontres, et elle aura raison. De toute manière, ainsi engagé, vous ne pouvez plus rien pour le couple.

Il faut d'ailleurs noter que, dans des situations bloquées comme celles que j'ai évoquées, certaines personnes peuvent être amenées à adopter des comportements d'apparence complètement folle. Ainsi cette femme qui, se demandant si son mari la regarde toujours, se teint les cheveux

en rouge et vert. Dans ce dernier cas, on peut conclure que la femme est folle ou hystérique et l'inviter à se faire soigner ; on peut aussi replacer ce comportement dans le cadre de son « pour quoi ? » qui est lié à ce que la personne cherche à savoir ou à obtenir. Un grand nombre de comportements apparemment fous, pervers et bizarres sont ainsi l'expression du désarroi de quelqu'un qui ne sait plus à quelle folie se vouer pour faire enfin entendre son désir.
Vous pouvez conseiller à chaque membre du couple de faire une thérapie individuelle. Vous entrez, là aussi, en conflit avec l'image que les gens ont d'eux-mêmes et de leur couple. Ils n'ont pas demandé à être traités en malades et soignés chacun de leur côté. Ils souhaitent seulement que l'on s'occupe de leur relation de couple.
On peut aussi être tenté d'entrer dans la réalité et de prendre monsieur B. à part pour lui demander : « Oui ou non, avez-vous trompé votre femme ? » Et après ? Si c'est oui, vous voilà dépositaire d'une confidence, et lié de fait à celui qui vous l'a dite. Si c'est non, vous allez aussi vous allier avec lui et tenter de convaincre la femme de ce qu'elle refuse de croire. Vous êtes encore l'allié de l'un contre l'autre. Et c'est vous maintenant qui êtes piégé.
Vous pouvez aussi poser à chacun séparément, et à chacun devant l'autre, la question du « pour quoi ? » :

« Monsieur, quand vous passez tous vos week-ends à refaire la toiture ou à installer la salle de bains, dans quel but le faites-vous ?

– Pour que ma femme soit bien chez elle. »

« Madame, quand vous protestez et réclamez que votre mari soit davantage avec vous et avec vos enfants, dans quel but est-ce ?

– Pour partager des bons moments ensemble... je l'ai épousé pour être avec lui... »

Voici deux comportements qui peuvent se connoter comme « encore plus de la même chose qui ne marche pas ».

À chacun, vous pourrez alors demander : « Et ce but, au service de quel autre but, plus fondamental ou plus élevé, est-il ? » En montant ainsi dans la hiérarchie des buts et des « buts du but », il arrivera un moment où vous obtiendrez un but commun aux deux personnes. La découverte de ce but commun, et la connotation des comportements de chacun comme étant au service de ce but, est souvent un moment de forte émotion pour le couple. Réfléchir sur l'adéquation des moyens, débattre de leur utilisation, devient alors quasiment un détail.

Dans le cas des trois couples évoqués ci-dessus, il existait, enfoui sous leur agressivité mutuelle, un fort désir commun de retrouver une harmonie, des valeurs identiques et des points de vue partagés sur ce qui est important dans la vie.

Bien sûr, vous ne travaillerez pas de la même manière si le couple est d'accord sur le désir de retrouver une harmonie amoureuse, ou si son projet est que les enfants ne souffrent pas trop d'une séparation déjà décidée. Cette recherche d'un but partagé peut vous faire gagner un temps précieux que vous auriez pu gaspiller en poursuivant des projets utopiques, qui sont en fait les vôtres et non ceux du couple présent devant vous.

Et puis, si vous ne trouvez pas du tout, du tout de but commun, donnez congé à ce couple car vous ne pourrez alors rien pour lui. C'est le cas, par exemple, de couples où l'un des deux désire rétablir une fusion amoureuse, alors que l'autre ne cherche qu'à reprendre sa liberté. Dans un tel cas, proposer une thérapie de couple relève de l'utopie. Il peut alors être plus utile de proposer une aide individuelle à la personne qui souffre.

La guerre et la paix

La question de l'objectif commun fonde toute recherche d'un traité de paix entre deux personnes, deux groupes, deux nations : Que veulent les Palestiniens, que veulent les Israéliens ? Les Irlandais et les Anglais ? Les Serbes et les Croates ? Vous voulez l'autonomie, ou l'indépendance, dans quel but ? Si votre intention est de vivre en sécurité, l'indépendance est-elle le seul moyen possible, ou peut-on envisager de négocier autre chose ? Sur quel objectif pourrait-on se mettre d'accord, afin que chacun, sentant respecté ce qui est essentiel pour lui, puisse faire des concessions sur les procédés de mise en œuvre ?

Toute guerre est une escalade de moyens, et étendue parfois sur des siècles, chaque traité de paix imposé par le vainqueur du moment se voyant dénoncé dès que l'équilibre des forces change. La surenchère des moyens que chacun croit trouver pour résoudre un problème devient alors une manière de perpétuer indéfiniment le problème en question. Quand l'escalade se rigidifie ainsi, chacun est convaincu que la seule solution qu'il ait consiste à faire indéfiniment encore plus de la même chose, pour compenser l'« encore plus » de l'autre. Dans ces situations, seul un intervenant extérieur va pouvoir aider à démêler l'écheveau des buts et des moyens.

Quand l'intervenant devient un ennemi

On sait combien il est difficile d'imposer un intervenant extérieur entre deux peuples ennemis. Chacun se persuade que l'autre est le méchant,

Causalité linéaire, causalité circulaire

La logique traditionnelle considère qu'une cause produit un effet, lequel pourra lui-même devenir cause d'un autre effet : X produit Y, qui produit Z..., selon une ligne de causes et d'effets. C'est la **causalité linéaire**. Voici un exemple de raisonnement causal linéaire : « Je suis violent parce que je suis angoissé, je suis angoissé parce que mon père me battait. »

La **causalité circulaire** propose une autre logique : X provoque Y, qui lui-même a une action sur X, qui de nouveau influence Y, etc., dans un cycle de causes et d'effets, chaque cause étant effet, chaque effet étant cause.

Mieux que le raisonnement linéaire, la circularité témoigne des comportements humains : mon comportement provoque chez quelqu'un d'autre un comportement en retour, une rétro-action, laquelle va encourager ou non mon premier comportement, l'amener à l'ajuster à la réponse que j'ai reçue, et ainsi de suite. Ainsi se modulent, par exemple, les expressions du désir d'autonomie d'un enfant, en fonction des rétroactions des parents.

Cette circularité normale devient un obstacle quand elle se rigidifie. Prenons un exemple de circularité rigidifiée, dans un couple :

– La femme : « Il rentre du travail et, immédiatement, il se met dans un fauteuil et s'isole derrière son journal, ne me répond que par des grognements. Je suis obligée de le secouer, de l'asticoter, de le harceler pour lui rappeler que je suis là et obtenir une communication. »

– Le mari : « Elle est tellement assommante et envahissante que je n'ai pas d'autre solution que de me réfugier derrière mon journal pour essayer d'obtenir un peu de paix. »

Chacun pense sincèrement que l'attitude de l'autre est la cause de son propre comportement. Chacun essaie de compenser la conduite de l'autre, mais dans les faits la renforce. La succession des compensations de l'un et de l'autre n'arrive qu'à entretenir le problème.

L'accumulation des solutions individuelles devient le problème collectif. Elle est devenue une **escalade**.

La course aux armements, les emballements de la bourse, les ennemis héréditaires, les alternances terrorisme / répression / encore plus de terrorisme / encore plus de répression, etc., sont des **escalades circulaires**.

Dans un couple ou dans une relation parent / enfant où ce genre de communication s'est installé, chacun est tenté de faire « encore plus » de la même chose, dans l'espoir de faire changer l'autre, lequel répond par son « encore plus » à lui, et la spirale peut être sans fin.

Un intervenant cherchera alors à rompre les escalades, par l'expression du « pour quoi ? » de chacun, la recherche des buts communs, la distinction des buts et des moyens ; et l'accord sur ce qui importe vraiment, dans l'expression des émotions, sentiments et désirs qui sont sous-jacents à ces comportements.

qu'il ne retrouvera la sécurité que lorsqu'il aura réduit l'autre à l'impuissance, voire lorsqu'il l'aura complètement éliminé. L'intervenant extérieur prend alors figure d'allié de mon ennemi, puisqu'il prétend m'empêcher de me défendre. Dans ce genre de situation, il peut être nécessaire de procéder à une intervention armée, pour que la situation se calme avant qu'on puisse se livrer au tri des buts et des moyens. On connaît aussi le danger inhérent à ce genre d'intervention, qui est que les deux ennemis se liguent contre l'intervenant, considéré par tous les deux comme un agresseur. Cette manière de mettre les deux ennemis d'accord pourrait être une solution, si celle-ci n'était éminemment provisoire. On sait aussi que si l'intervenant a partie liée, d'une manière ou d'une autre, réellement ou dans les représentations, avec l'un des « adversaires », il perd toute efficacité, car toutes ses tentatives deviennent suspectes à l'autre partie.

Quand un couple entre en conflit, dans l'immense majorité des cas, il règle son litige lui-même parce que la visée commune est suffisamment manifeste, et que les moyens restent à leur place de moyens. Mais si ce mécanisme s'enraie, un couple peut se retrouver dans une confusion analogue entre les buts et les moyens. Si les membres du couple viennent consulter ensemble, on peut miser sur une conscience plus ou moins diffuse d'un désir de réussir quelque chose à deux. Cependant, justement parce que chacun attend beaucoup de son couple, l'ambiance affective est si échauffée que l'intervenant devra parfois commencer par des procédés qui ressemblent un peu à ceux d'une intervention armée : user d'autorité pour faire taire l'un ou l'autre, interrompre un flot de griefs ou la rafale d'anecdotes accumulées depuis des années, obtenir simplement que chacune parle à son tour. La détermination de l'objectif commun mérite tous ces efforts. C'est en effet grâce à lui que s'instaure un autre jeu relationnel, non seulement sur le plan des échanges intellectuels, mais surtout sur le plan émotionnel.

Dépasser le verbal

Prenons l'exemple du couple C., où le « encore plus » de précautions et d'interdictions à l'encontre de sa femme conduisait le mari à la ligoter et à l'empêcher de donner la moindre preuve de son désir de rachat. Il s'ensuivait qu'elle se mettait encore plus en colère, et cet « encore plus » de colère et de tentatives de se libérer revenait à convaincre le mari qu'il avait de bonnes raisons de la tenir bien serrée. Le combat verbal était très violent et sans issue, chacun étant campé sur une argumentation sans faille. J'ai donc proposé un exercice non verbal, silencieux, que l'on appelle les « sculptures ». Chacun représente de manière symbolique la relation du couple telle qu'il la perçoit, en disposant dans l'espace son propre corps et celui de son conjoint dans les attitudes qui lui paraissent le mieux décrire cette relation. Chacun prépare sa représentation mentalement, en silence, afin de ne pas être influencé par celle de l'autre. Aucun commentaire n'est fait avant que chacun n'ait bien réalisé sa sculpture et regardé celle de son partenaire.

Madame C. s'est mise en position recroquevillée sur une chaise, son mari debout en face d'elle la désignant d'un doigt accusateur.

Monsieur C. s'est mis en position recroquevillée sur la chaise, sa femme debout en face de lui, ongles et dents apparents, comme prête à mordre et à griffer.

La symétrie des deux sculptures explicitait plus que tous les discours le fait que chacun se sentait victime, et désignait l'autre comme persécuteur.

Invités alors à faire bouger leur sculpture, ils ont tous deux compris que je leur demandais de montrer comment ils désiraient qu'évolue la situation. Tous deux ont alors proposé une sculpture où ils étaient debout dans les bras l'un de l'autre, « comme avant ».

Il n'y avait plus qu'à leur dire : « Est-ce que vous comprenez à quel point vous demandez la même chose ? »

La fin de la séance a continué sur un ton totalement différent. Mari et femme ont arrêté de se renvoyer à la figure des histoires de carnet de chèques et de téléphone, ils se sont dit ce qui était essentiel pour tous les deux et ce sur quoi ils étaient d'accord : sauver leur amour et la famille qu'ils avaient fondée. Sur quoi se sont-ils mis d'accord ensuite, je l'ignore et n'ai pas besoin de le savoir. Ayant renoué avec leurs capacités à se parler de l'essentiel, ils vont trouver des solutions pour régler les détails de leur vie quotidienne. L'une de mes convictions professionnelles est qu'il n'est pas sain pour un couple qu'un tiers s'incruste dans leur relation plus longtemps qu'il n'est indispensable.

Tous les thérapeutes de couple ont vécu des situations où il leur a fallu affirmer vigoureusement un autre projet plutôt que d'entendre des litanies de plaintes. Ils sont là pour cela. L'interruption de l'escalade des moyens, la remise en route vers l'objectif commun, sont souvent des interventions suffisantes. Ensuite, le couple pourra réévaluer les moyens, avec ou sans nous.

Les couples où les échanges sont les plus violents ne sont pas forcément les plus difficiles. Leur violence est à la hauteur de la force de leurs

MESSAGE PARADOXAL

C'est un message qui contient, de manière non évidente, sa propre contradiction.

Exemple de message paradoxal, entendu dans un colloque : « Ceux qui ne comprennent pas le français, levez la main. » (Dit en français!)

Si vous dites à un enfant : « Tu manges ta soupe ou tu as une fessée », l'enfant est mis devant un choix clair, et pourra en toute conscience choisir le désagrément le moins fort pour lui. Mais si vous lui dites : « Si tu es un bon garçon, tu dois aimer ma soupe », vous lui adressez un message paradoxal, ou une injonction paradoxale : on ne peut ordonner à quelqu'un d'aimer, car aimer n'est pas le résultat d'un acte volontaire. Vous mêlez dans la même injonction deux propositions qui n'appartiennent pas au même domaine.

La contradiction peut être encore plus cachée : « Comment peux-tu ne pas aimer la soupe que ta mère a faite pour toi avec amour ? » Cette phrase introduit une confusion entre deux domaines qui ne sont pas de même nature et devraient être distingués : les sentiments et le goût de cette soupe-là.

Cette confusion peut résider dans un mot unique : « Dors ! » est un ordre paradoxal. Vous pouvez exiger d'une personne qu'elle reste dans son lit, qu'elle fasse silence, qu'elle ferme les yeux, mais non qu'elle s'endorme car c'est un acte qui ne peut découler de sa volonté, donc qu'on ne peut commander.

De même : « Sois spontané » ; « Sois autonome » ; « Décide librement de faire comme je veux », sont des injonctions paradoxales, car elles ordonnent ce qui justement ne peut s'ordonner. La phrase est ainsi construite qu'être spontané équivaut à obéir. Il n'y a donc pas de bonne réponse à ce genre d'injonction. De même qu'il n'y a pas d'issue à une communication du style : « Je voudrais que tu penses tout seul à mon anniversaire » ou : « Tu y as pensé mais ça ne vaut rien puisque je te l'avais rappelé hier. »

Ou plutôt, la seule bonne réponse serait une **métacommunication** (voir l'encadré plus bas), c'est-à-dire un commentaire sur l'inadéquation du message. Si ce commentaire est impossible (enfant trop jeune) ou interdit (« Comment peux-tu parler ainsi à ta mère ! »), il ne reste plus que la violence (je t'envoie mon assiette à la figure), les divers symptômes (vomissements, ou les troubles psychomoteurs : « Vois comme je suis maladroit, j'ai renversé la soupe »), le retrait (« Je ne suis pas là, je suis un incorrigible distrait »), ou la folie (« La soupe est empoisonnée », cette dernière affirmation étant métaphoriquement vraie, car c'est la communication qui est empoisonnée).

désirs et de leurs sentiments. Dès que cette force est orientée dans une meilleure direction, on peut les laisser faire. Plus ardus sont les couples où les sentiments actuels ne sont plus très clairs et où l'un est plus demandeur que l'autre. Il faut accepter le risque que le travail sur l'objectif commun mène à la constatation qu'il n'y en a guère.

Les médiateurs professionnels, qui travaillent auprès des tribunaux, ont bien compris que leur tâche auprès des couples qui divorcent est à baser uniquement sur l'objectif commun qui reste : une entente suffisante pour partager les biens, pour un accord sur une politique auprès des enfants qui garantisse l'équilibre de tous. Ils se centrent sur ce but, sans se laisser embarquer dans leur utopie personnelle ou dans celle d'un seul membre du couple. Ils savent que c'est en acceptant les limites de leur mission qu'ils seront efficaces.

Ph. Caillé propose dans son livre *Un et un font trois...*◆ une méthode à la fois différente et proche de celle de la recherche d'un objectif commun : il envisage **l'absolu du couple**, qu'il présente comme un troisième personnage, en plus des deux personnes (d'où le titre de son livre). Il demande à chaque personne de décrire « le couple », auquel il attribue une chaise, ce qu'il est, des traits de caractères, ce qu'il a été, ce qu'il pourrait devenir, voire les espoirs que l'on met en lui. Cette entité-couple s'incarne ainsi progressivement. C'est une manière également efficace pour sortir les deux personnes de leur ping-pong de griefs et de contre-griefs afin de voir s'il leur est possible de regarder tous deux, même un peu, dans la même direction. Le travail du thérapeute s'orientera d'après ce qui aura été mis en place sur cette « troisième chaise ».

◆ Voir Bibliographie.

CHAPITRE 11

Écouter et aider les enfants

> « Éduquer ses parents, voilà la tâche
> qui depuis toujours est celle
> des enfants bien vivants,
> mais qui ne leur avait jamais été expliquée. »
>
> Françoise Dolto, préface du *Manuel à l'usage des enfants qui ont des parents difficiles*, de J. Van den Brouck.

Le complexe d'Œdipe : le cas de César

Voici un petit garçon de 4 ans, gai, charmant et apprécié de tous. Le genre d'enfant qui attire à ses parents toutes sortes de compliments. Mais voilà que son père doit s'absenter assez longtemps pour son travail. Depuis ce départ, César, toujours aussi sympathique et gentil à l'école, est devenu parfaitement odieux avec sa mère : colères, caprices, harcèlements divers, appels la nuit... Celle-ci est à bout de force, elle ne le supporte plus, elle va craquer !

L'explication que la mère de César a trouvée, c'est que César lui en veut parce qu'il croit que c'est elle qui a chassé son mari. Elle essaie de lui expliquer que c'est faux, mais sans résultat pour le moment.

J'ai une autre hypothèse, que je souhaiterais soumettre au lecteur sous deux formes possibles : la forme du « *parce que* » et la forme du « *pour que* ». Je vous propose de ne pas discuter de la véracité de l'interprétation, qui ne peut être établie que dans la relation avec l'enfant, mais de considérer seulement cet exemple comme préliminaire à la discussion sur ce qu'impliquent ces deux formes.

Le « parce que »

César est angoissé parce qu'il croit voir réalisés ses désirs œdipiens. Rappelons que le complexe d'Œdipe, normal pour un petit garçon de cet âge, c'est le désir secret, et inconscient, d'éliminer son père pour devenir, à sa place, l'époux de sa mère. Ce qui structure un enfant, c'est que ce désir ne se réalise pas, car il rencontre une résistance : Maman est avec Papa. Non seulement celui-ci n'est pas prêt à céder sa place auprès de Maman, mais elle exprime qu'elle n'en a pas le désir. Même si le père est absent, ou mort, ou s'il a pris des distances d'une manière ou d'une autre, il reste que dans l'esprit de la mère ce n'est pas son fils qui prendra la place de partenaire amoureux et sexuel. Le partenaire-homme imaginé, regretté ou espéré, représente au regard des désirs œdipiens de l'enfant une barrière aussi efficace que le partenaire physiquement présent. Et cette frustration, cette résistance de la réalité va permettre à l'enfant de se structurer. Il va peu à peu calmer ses fantasmes œdipiens et les remplacer par l'application à ressembler à celui qui plaît à Maman, non plus pour l'éliminer, mais pour grandir et être aimé un jour d'une femme, d'une autre femme.

La « disparition » de son père, en plein âge œdipien, plonge César dans une terrible excitation en même temps qu'une terrible culpabilité : il a gagné ! Il a fait partir son père et il est seul avec sa mère. Pour lui, son désir, normalement destiné à rester secret et non concrétisé, pourrait se réaliser. C'est très angoissant pour un enfant. Qui va maintenant lui donner des limites, l'arracher à ses fantasmes de toute-puissance ? Il est à la fois très exalté par ce qui ressemble à une possibilité de réalisation, et en lutte violente, avec les moyens de son âge, pour rétablir une distance entre sa mère et ses désirs.

Le « pour que »

« Bien sûr, César, je ne sais pas ce qu'il y a dans ta tête, mais je peux faire des suppositions. Je vais te dire ce que j'imagine, et tu pourras me dire si j'ai raison ou pas. Tu aimes beaucoup ta maman, et ton papa aussi. Quand ton papa est parti, tu t'es dit que ta maman devait être triste et malheureuse et tu as pensé que ton devoir était de l'aider à sortir de cette tristesse, en remplaçant ton papa. C'est une grande tâche que tu t'es donnée là, très grande et trop lourde pour un enfant de ton âge, mais comme tu penses que tu dois le faire pour venir en aide à ta maman, tu essaies de toutes tes forces. Tu cherches à occuper son temps, ses pensées, son cœur, tu cherches à la stimuler et à la séduire, en occupant à la fois ta place et celle de ton papa. Je te félicite d'avoir tant d'amour, tant de dévouement pour ta maman.

Seulement, il y a quelque chose que l'on ne t'a peut-être pas suffisamment expliqué : la place de ton papa n'est pas libre ! Il est absent pour le moment, mais dans la tête et le cœur de ta maman, il a toujours sa place de mari ! Du coup, Maman n'est pas abandonnée, elle n'est pas aussi triste que tu le crois, elle n'a donc pas besoin que tu la provoques ainsi.

Nous reconnaissons ton amour et ton dévouement, mais puisque ton papa occupe toujours sa place, je me permets de te dire que tu peux continuer à aimer ta maman depuis ta place d'enfant. C'est la tienne, et c'est depuis cette place que tu pourras apporter le plus de bonheur et de satisfaction à tes parents.

Tu grandiras, comme ton papa a grandi. Tu lui ressembleras, et un jour, une femme t'aimera comme Maman aime Papa. Ce sera ta femme à toi. »

Quelles différences entre ces deux interventions ?

L'intervention en « parce que » fournit une explication sur les mobiles inconscients du comportement de l'enfant. Elle le déshabille, en entrant au plus profond de ses pulsions. Elle met à jour des pensées et des désirs qui ont pour vocation de rester inconscients. N'y a-t-il pas un grand risque de blesser et l'enfant et sa mère ?

Ce procédé induit aussi un aspect dévalorisant pour l'enfant. Bien sûr, il est compris, mais comme un enfant victime de forces qui l'habitent malgré lui.

L'intervention explique, mais elle est statique ; elle ne donne pas d'impulsion vers une recherche de solution.

L'intervention en « pour que » ouvre d'autres voies. Elle apporte à l'enfant une maîtrise active : « Tu t'es donné une tâche » est bien autre chose que : « Tu es le jeu de pulsions et de fantasmes. » La connotation positive en est déduite tout naturellement : l'enfant se dévoue. Il veut du bien à sa mère et désire combler ce qu'il imagine être chez elle un manque. L'enfant peut alors être félicité, non pour ses comportements qui sont des moyens, mais pour ses intentions qui sont positives. Une fois félicité, il peut :

– se sentir compris et conforté dans son désir profond, sans qu'on ait mis au jour et commenté ce qui est destiné à rester inconscient ;

– être rassuré à propos de sa mère, qui n'est pas abandonnée ;

– être replacé sans violence dans sa position d'enfant, où il a aussi des tâches et des devoirs, des plaisirs et des bonheurs, mais différents de ceux des adultes;

– ne plus être seulement l'objet d'une explication statique, mais un sujet qui progresse dans un « mouvement vers... ».

Le commentaire fondé sur le « parce que » me paraît devoir être réservé aux échanges entre professionnels, psychologues, psychiatres et psychanalystes. C'est une analyse pertinente dans sa valeur explicative, elle nous aide à penser, mais sa transmission à l'enfant ou à ses parents risquerait de devenir une violence. Ce serait différent si l'enfant, devenu adulte, entreprenait une psychanalyse. S'il le fait un jour, ce sera dans le projet que les expériences d'enfant qui ont structuré son psychisme lui soient révélées. Ce sera alors un autre projet, entrepris consciemment et désiré, même s'il pourra parfois avoir du mal à accepter certaines découvertes.

Le commentaire fondé sur le « pour que » est quant à lui proposable à l'enfant et à ses parents; il est respectueux de l'expression des « pour quoi? » et les inscrit dans une dynamique sur laquelle il peut agir.

Notons bien que ces deux types d'interventions ne se contredisent pas. Mais on ne peut pas dire les deux, il faut en choisir une, sans qu'il soit nécessaire que l'une soit fausse pour que l'autre soit vraie. Il s'agit d'un point de vue différent pour expliciter un même phénomène.

On peut, pour chaque situation, celles qui sont citées dans ce livre et toutes celles qui se présentent à nous, s'exercer aux deux commentaires :

– Que dirai-je si j'adopte la première manière, explicative et analysante, centrée sur le « parce que? »

– Que dirai-je si je me concentre sur le « pour que? »

Est-ce que la dame va vraiment voir l'intérieur de ma tête?

Je voudrais dire aussi quelques mots sur la précaution oratoire utilisée : « Je ne sais pas ce qui se passe dans ta tête, mais je peux faire des suppositions. » Beaucoup de parents, avec de bonnes intentions, conduisent leur enfant auprès d'un ou d'une psychologue en lui disant : « On va voir un monsieur, ou une dame, qui va voir et savoir ce qui se passe dans ta tête. » On peut imaginer ce qu'il y a d'inquiétant dans une telle formulation. Les enfants mettent tous du temps à se convaincre que leurs pensées sont à eux, qu'ils peuvent les garder pour eux, et ils sont souvent effrayés à l'idée que l'on pourrait voir leurs pensées à travers leur crâne. Ils font d'ailleurs souvent l'expérience que ce qu'ils croyaient avoir su cacher est deviné par leurs parents : « Ton nez remue »; « C'est mon petit doigt qui me l'a dit. » Les parents savent repérer bien des choses sur le visage ou dans le comportement de leur enfant; et ils peuvent, avec d'excellentes intentions, alimenter son impression d'être transparent et de ne pouvoir dissimuler ses pensées. Il est donc parfois important de signifier à l'enfant que nous ne connaîtrons que ce qu'il voudra bien nous dire. Mais nous réfléchirons sur ce qu'il nous confiera et nous ferons des rapprochements avec le propos d'autres enfants; enfin, nous lui soumettrons nos hypothèses.

Exerçons-nous

À un jeune angoissé par la réussite scolaire :

1er cas : « Parce que »

« Votre crise d'angoisse montre que vous avez peur de quelque chose. Vous êtes une personne nerveuse et angoissée, et vous avez peur de quitter le monde protégé de l'enfance et de l'adolescence... Vous vivez une réactivation de la peur d'être abandonné que vous avez éprouvée quand vous étiez petit et que votre mère vous quittait sans que vous ayez été assuré qu'elle allait revenir... »

2e cas : « Pour que »

« Une partie de vous désire réussir dans la voie que vous avez choisie, et sait que vous en êtes capable. Mais une autre partie de vous pense que vous avez encore besoin de vous protéger. Elle connaît votre sensibilité et vous retient sur la voie de la réussite, car elle sait que réussir ses examens, devenir adulte, fonder une famille, est un chemin qui apporte son lot de soucis et de responsabilités. Nous devons considérer cette partie de vous qui veut vous protéger, lui montrer que nous comprenons ses inquiétudes, et voir avec elle ce qui pourrait la rassurer. »

À une personne tentée par le suicide :

1er cas : « Parce que »

« Vous êtes triste, dépressif, parce que vous n'avez jamais pu dépasser le drame de votre enfance, parce que vos parents se séparent, parce que votre peur de l'abandon prend le dessus, etc. »

2e cas : « Pour que »

« Vous avez un message à transmettre à vos parents, vous cherchez ce qui pourrait les réunir, et pour le moment, vous n'arrivez pas à trouver une autre méthode que le suicide ou la menace du suicide... »

Nous pourrions continuer ainsi sur d'autres types d'exemples, mais maintenant que le principe est acquis, vous êtes à même de vous exercer, soit sur les cas de ce livre, soit sur ceux que vous rencontrez dans votre pratique ou votre vie quotidienne.

Rechercher le « pour quoi? » des enfants

Notre perception de l'enfant a bien changé depuis cent ans. Autrefois, l'enfant était vu comme un ensemble de pulsions brutes, un petit sauvage qu'il fallait limiter et dresser. Un enfant qui se manifestait trop ouvertement était traité de « méchant », de « paresseux », et devait être en tout cas puni.

L'évolution de la psychologie et de la psychanalyse, leur impact sur l'éducation, ont en partie remplacé cette attitude par une recherche de compréhension : on connaît le puissant moteur qu'a été Françoise Dolto pour que soit reconnue cette nouvelle attitude. Si l'on souhaite approfondir son enseignement, on peut lire, *La Cause des enfants*◆.

Cependant, cette attitude nouvelle propose souvent des analyses proches de l'explication pathologique, où les commentaires sur le « parce que » sont volontiers culpabilisants pour les parents et où l'on n'aborde pas celui du « pour que ».

Ainsi, quand tel petit garçon crie et trépigne chaque matin parce qu'il ne veut pas aller à l'école, on dira qu'il est immature, manquant d'autonomie, « trop » attaché à sa mère... Vous imaginez ce que peut vivre et ressentir la mère qui entend cela, et qui commence à se demander à quel moment elle n'a pas été à la hauteur. Comment se fait-il que si peu de personnes pensent à dire d'abord aux parents : « Il veut vous montrer qu'il est bien avec vous, qu'il vous préfère à n'importe qui d'autre. »? Nous sommes tellement entraînés à rechercher des causes en terme de pathologie que nous dirons : « Cet enfant suce son pouce *parce qu'il* est immature, il se balance *parce qu'il* est angoissé, il a peur de l'école *parce qu'il* est trop couvé », là où on pourrait énoncer : « Il suce son pouce *pour se* faire du bien, ça le calme, ça le rassure... Il se balance *pour* se bercer et s'apaiser, il pleure *pour* exprimer qu'il vous préfère à sa nounou. » L'impact apaisant d'un tel discours sur les parents est patent : le parent qui voit que son enfant suce son pouce ou a d'autres comportements réputés régressifs ne pourra qu'être plus détendu et patient s'il entend que l'enfant en a encore besoin pour se faire plaisir et s'apaiser;

◆ Voir Bibliographie.

et qu'il arrêtera quand il n'en aura plus besoin, parce qu'il aura trouvé d'autres moyens de satisfaction.

Et Sophie, qui n'apprend rien à l'école? Trop souvent encore, on la considérera, sinon comme méchante ou fainéante, au moins comme « enfant à problème » : on lui fera passer des tests pour savoir si elle est débile ou névrosée, on proposera de la soigner ou de la rééduquer. On cherchera des causes, on en trouvera probablement, et on s'évertuera à y remédier. Et si quelqu'un l'interrogeait sur ce qu'elle cherche à obtenir?

Écouter, écouter, encore écouter

Les « pour quoi? » des enfants nous apportent bien des surprises. Quand on ouvre grand ses oreilles, ce que l'on entend est parfois un peu troublant. Les enfants que l'on écoute vraiment se montrent souvent étonnamment conscients, ou proches de la conscience de leur « pour quoi? ». La surprise, c'est de découvrir à quel point les réponses à ces « pour quoi? » peuvent être parfois altruistes : entendre une petite fille estimer que, si elle devient bonne élève, elle ne recevra plus de ses parents l'attention dont elle a besoin, constitue déjà une prise de conscience affectivement forte. Mais que dire de cet enfant de 3 ans qui, chaque matin, exprime violemment son refus d'aller à l'école, et qui, interrogé sur son but, répond : « Je ne veux pas laisser Maman toute seule. »? Bien sûr, l'altruisme des enfants est relatif : en protégeant leurs parents, ils tentent de préserver l'harmonie familiale et donc leur propre sécurité affective. Quel usage Maman pourrait-elle faire de sa liberté? Cependant, ils sont capables de grands sacrifices personnels dans un dessein qui a pour eux toute priorité. Ainsi en est-il d'un garçon de 10 ans dont les parents sont séparés et qui vit avec sa mère : Cédric note soigneusement par écrit tous les propos de sa mère sur son père – et qui sont rarement bienveillants – et les répète secrètement à celui-ci au téléphone chaque soir. De cette manière, il contribue de toutes ses forces et de toute son intelligence à attiser le conflit entre ses parents. Pour lui, tout, y compris paraître carrément pervers, est préférable à une extinction des relations entre ses parents, avec le risque de l'effacement de son père du paysage familial. Cédric s'est donc donné pour mission de souffler sur les braises. Bien sûr, sa mère n'est pas venue avec cette analyse : elle n'était qu'indignée et affolée d'avoir un enfant capable d'un tel comportement. Une fois cette conduite recadrée dans son « pour quoi? », il devient possible de faire comprendre à la mère la valeur du projet de Cédric et de rassurer celui-ci sur le fait que son inquiétude va être prise en compte par ceux à qui incombe cette responsabilité, c'est-à-dire les adultes.

À quoi servent les échecs et les symptômes de l'enfant et pourquoi les entretient-il ?

Le symptôme protège quelqu'un

Beaucoup de comportements d'enfants visent à protéger un parent, perçu, à tort ou à raison, comme fragile : un petit, qui a vécu péniblement des moments de solitude, pendant lesquels il s'est peut-être cru abandonné, peut vouloir éviter cette expérience à sa mère. Il peut aussi percevoir, avec ces antennes particulières qu'ont parfois les petits, un fond dépressif chez celle-ci. Les enfants, beaucoup plus souvent qu'on ne le croit généralement, se donnent une mission de protection envers ceux qu'ils aiment. On voit alors ces enfants se montrer incapables de s'intéresser à l'école et à l'apprentissage, préoccupés qu'ils sont par ce qui se passe ou pourrait se passer à la maison. Une femme m'a un jour parlé du souvenir de ses retours à l'école, où elle courait tout au long du chemin pour aller vérifier que ses parents étaient toujours ensemble.

Quand vous avez une mère dépressive, comment pourriez-vous ne pas faire votre possible pour la sortir de sa dépression ? Vous pouvez faire le pitre pour la faire rire, ce qui donne rarement de bons résultats ; vous pouvez aussi, et cela marche plutôt mieux, faire en sorte de la mettre en colère : l'adoption de cette solution rend compte d'un certain nombre de comportements « caractériels » d'enfants qui cherchent désespérément à sortir leur mère de sa torpeur dépressive.

Le symptôme est un message plus puissant que d'autres messages

Il en est des enfants comme des adultes : parfois, ils livrent leur « pour quoi ? » d'une manière toute naturelle, sur un ton d'évidence ; d'autres fois, il faut entendre et décrypter. Écoutons ce garçon qui est en sérieuse difficulté scolaire :

« Que se passe-t-il chez toi quand tu travailles mal ?
– Papa revient pour me faire travailler.
– Ah oui, et il revient d'où ?
– Du café, où il boit du vin. »

Quel autre acte, quel autre discours aurait la même efficacité ?

Le symptôme crée ou entretient des liens

Être ou rester malade peut servir à réunir les parents, ou à réunir toute la famille : les thérapeutes familiaux savent que souvent un adolescent fait sa première crise schizophrénique au moment où l'unité du bloc familial est menacée. La grande sœur se marie, le grand frère va partir pour l'étranger, lui-même vit son premier émoi amoureux, donc sa première tentation de préférer quelqu'un d'autre que ses parents.

Ce genre de réaction peut poser de sérieux problèmes dans l'aide psychologique aux enfants. Quand un enfant de parents divorcés découvre que ce qui réunit Papa et Maman, c'est qu'il aille mal, on n'est pas sorti de l'auberge ! C'est une des raisons pour lesquelles il est souvent préférable de ne pas exiger que des parents séparés viennent ensemble consulter pour l'enfant, sous prétexte qu'ils restent solidaires dans la prise en charge de son malaise. Cela risque de renforcer chez l'enfant l'idée que celui-ci est le dernier moyen de retenir encore un peu ses parents ensemble. Comment, alors, renoncer à ce mal-être ?

De même, il y a des enfants pour lesquels on multiplie les prises en charge : orthophonie, psychomotricité, rééducations diverses... et qui donnent l'impression que plus il y a d'intervenants, plus ils vont mal... Que leur promet-on pour le jour où ils iront bien ?

Un garçon qui venait voir une orthophoniste, qui avait une bonne relation avec elle et montrait du plaisir dans les séances, s'est entendu dire : « Quand tu auras réglé ton problème de prononciation, tu pourras cesser de venir me voir. » Ce garçon-là était suffisamment évolué et apte à s'exprimer pour signifier à son orthophoniste que ce n'était vraiment pas une motivation pour lui ! Mais combien d'enfants auront compris en substance, sans avoir les moyens intellectuels et la maturité suffisante d'en faire le commentaire : « Quand tu auras réglé ton problème je te laisserai tomber. » ?

Occupez-vous de moi

Un enfant a, très naturellement, besoin qu'on s'occupe de lui : or dans la jungle des exigences des frères et sœurs, il y a une place particulière pour l'enfant souffrant ou déficient. Celui-ci, quand il en a fait l'expérience, peut redouter de la perdre, car souvent, il ne peut en imaginer une autre. Il y a aussi une place pour l'enfant petit, et celui-ci peut redouter de grandir, et entretenir des comportements de petit pour garder sa place. Cela n'a rien de pathologique : tout enfant est partagé entre l'envie de devenir grand et l'envie de rester le petit de Maman, de même que toute mère est partagée entre l'envie de voir son enfant progresser et le désir secret de le garder petit auprès d'elle (« faudrait pas que ça grandisse », dit la sagesse populaire).

Une petite Amandine se met tout à coup à ne plus rien produire de cohérent à l'école; elle rend d'infâmes gribouillis à la maîtresse qui s'indigne : « Tu te moques de moi! » Son père a un métier très prenant, avec beaucoup de déplacements. Et voilà que sa mère, jusqu'alors au foyer, reprend des études pour exercer elle aussi un métier! Pour Amandine, cela signifie qu'elle va être absente autant que son père. Elle trouve donc cette solution pour retenir sa mère à la maison : être « mauvaise élève », « enfant à problèmes ». Tout se calme lorsque les parents comprennent cet objectif et rassurent l'enfant sur les horaires de travail de la mère.

Il y a deux manières possibles d'interpréter un tel comportement :

– Amandine est insupportable *parce qu'elle* a peur, et elle a peur *parce qu'elle* a un tempérament inquiet, angoissé, *parce que* la crainte d'être abandonnée la rend agressive;

– Amandine agit ainsi *pour que* sa mère revoie son projet de vie professionnelle, dont elle se fait une image cataclysmique.

Aucune interprétation n'est plus vraie que l'autre; mais la première va étiqueter l'enfant pathologiquement et entraîner soins, thérapies et rééducations; la seconde donne accès à une intervention qui apporte à l'enfant le sentiment d'être entendue, la constatation qu'on tient compte de son inquiétude et qu'on peut y répondre.

Le symptôme de l'enfant parle pour les autres

Être malade, délinquant, caractériel, peut à la fois exprimer et camoufler la mésentente des parents : « Entre nous, tout va bien, c'est l'enfant qui va mal... s'il guérissait, tout irait bien... » ou bien : « Nous ne nous disputons jamais, malheureusement, nos enfants se chamaillent tout le temps. » Cette dernière phrase peut être entendue soit comme une information soit comme une injonction. Les enfants sont alors implicitement priés de se chamailler à la place des parents. Dans ce cas-là, on peut soulager les enfants de cette tâche en replaçant le conflit au niveau des parents – ce qui, dans un premier temps, peut paraître aggraver les choses : « Vous semez la zizanie dans notre couple! »

Amener quelqu'un de la famille en thérapie

Parfois, le symptôme d'un adolescent – anorexie, délinquance... – a pour effet d'attirer l'attention sur ce qui ne va pas dans la famille, et d'amener enfin en thérapie une autre personne, souvent un parent. Cette personne a, soit une pathologie camouflée à tous, y compris à elle-même, soit un préjugé tel que ce serait déchoir que de consulter pour elle-même. Consulter pour un enfant est moins difficile que de le faire pour soi-même, ce qui est généralement perçu comme une faiblesse honteuse (on *doit* pouvoir s'en sortir tout seul, disent beaucoup de gens). Et puis, pour consulter pour soi, il faut déjà avoir une certaine conscience de son propre mal-être. Nombre de personnes n'ont pas un accès suffisant à cette conscience. Or, l'enfant ou l'adolescent perçoit plus ou moins que ses parents, qui ne pourront pas consulter pour eux-mêmes ou pour leur couple, se dérangeront pour leur enfant. Celui-ci peut donc se rendre malade pour amener, enfin, un de ses parents, ou le couple, à se faire soigner.

L'enfant grandit, le symptôme reste

On remarque que certains de ces comportements problématiques peuvent déborder largement de l'enfance : un adulte pourra continuer indéfiniment à se conformer à une injonction familiale, parfois entretenue depuis très longtemps, qui veut qu'il y ait dans la famille, à chaque génération, une fille célibataire toute dévouée qui reste auprès de ses vieux parents; ou au contraire un mouton noir, un égaré, un fils perdu, dont la présence remplit un rôle non explicité dans l'équilibre familial. Dans ce cas, si la personne évolue en thérapie individuelle, il est possible que certains membres de sa famille lui rappellent impérativement qu'elle est malade, qu'elle est peu fiable, ou qu'elle est un mauvais sujet. Il arrive aussi que l'évolution et la prise d'autonomie de cette personne mettent en lumière ce que l'ensemble de la famille ne voulait pas voir : une autre personne, qui paraissait être le pilier de l'équilibre familial – la sœur confite dans le dévouement ou le grand frère de bon conseil – va finalement plus mal que celle que la famille avait désignée comme malade. Guérir devient alors un acte de trahison et d'infidélité. Ceux que ce type d'analyse intéresse pourront se reporter avec profit aux travaux d'Ivan Bosrzormenyi-Nagy, psychiatre américain, fondateur de ce que l'on appelle la « thérapie contextuelle »◆.

◆ La « thérapie contextuelle » est appelée ainsi parce qu'elle resitue le symptôme personnel dans le contexte familial ou social. Voir l'encadré plus haut.

De manière générale, il faut commenter avec bienveillance, et même admiration, la tâche que s'est donnée l'enfant. Cette attitude est en effet libératrice pour lui : il se sent compris et reconnu. En même temps, le fait d'avoir pu dévoiler le « pour quoi ? » de son état peut déstabiliser le système relationnel familial en place. Le groupe familial va donc forcément être amené à inventer un autre type de relations, comme ce fut le cas pour Sophie (voir chap. 2).

Le symptôme exprime une préférence

Enfin, rester malade peut être aussi une forme de fidélité : guérir, c'est désigner le thérapeute, l'éducateur spécialisé, le rééducateur comme réussissant mieux que les parents, comme meilleur parent que les parents. Que cela soit dit ou non, un parent a vite fait d'entendre, de la part des divers intervenants : « Confiez-moi l'enfant que vous avez raté et je vous le réparerai, car moi je sais faire. » Le mot « rééducation » ressemble bien à cette idée : une éducation à refaire, par quelqu'un qui fera mieux et qui se promet de réussir en une demi-heure par semaine ce que vous n'arrivez pas à faire vingt-quatre heures sur vingt-quatre. Dans ces cas-là, il ne faut pas s'étonner que le travail piétine. En effet l'enfant percevra, d'une manière ou d'une autre, qu'il n'est pas autorisé à changer. S'il perçoit une quelconque concurrence entre ses parents et un intervenant, qui s'étonnera qu'il choisisse ses parents ? Et choisir ses parents, c'est s'arranger pour rendre l'intervenant impuissant.

L'enfant peut aussi devenir la cible d'un double discours du parent : « Je suis en principe d'accord pour que tu ailles en thérapie, je t'y conduis régulièrement, mais je suis très inquiet : que vas-tu dire à ce monsieur ou à cette dame, sur nous, sur ta famille, sur ce qui doit rester du domaine de l'intimité familiale ? » Après tout, c'est une préoccupation normale. Il y a des choses qui sont du domaine de l'intimité. Tout parent a eu auprès de ses enfants des gestes ou des attitudes qu'il préférerait ne pas voir racontés à l'extérieur, et les enfants se conforment naturellement à cette consigne implicite : ils ne racontent pas à n'importe qui la gifle un peu forte ou la colère peu justifiée, sauf s'ils ont une raison particulière de vouloir mettre leurs parents en difficulté. Parfois, l'inquiétude des parents s'exprime : « Qu'est-ce qu'il vous a dit, de quoi parle-t-il ? » D'autres fois, elle n'est pas formulée ouvertement, mais l'enfant perçoit cette consigne de silence et vient « se taire » en thérapie.

Les parents aussi ont besoin d'aide

La plupart des parents qui amènent spontanément leur enfant en consultation ne le font ni de gaieté de cœur, ni même de leur propre initiative. C'est le plus souvent l'instituteur, le psychologue scolaire, voire le médecin de famille qui signale quelque chose qui ne va pas et qui donne l'adresse d'un centre médico-psychologique (CMP). L'angoisse de l'échec scolaire qui envahit actuellement notre société rend efficaces les pressions que peuvent exercer ces personnes. En même temps, beaucoup de parents sont blessés par cette désignation de leur enfant comme « ayant des problèmes » et aussi, par ce qu'ils traduisent comme une mise en cause de leur compétence de parents. De plus, dans beaucoup d'endroits, le CMP a l'image d'un lieu où vont les enfants « fous ». Il est alors normal que les parents soient sur la défensive, qu'ils craignent les questions indiscrètes, les jugements, ou le voisinage d'enfants plus atteints que le leur et pouvant avoir une mauvaise influence. Il est d'autant plus important de leur manifester du respect, de montrer aussi comme nous respectons le « pour quoi ? » de leur enfant autant que le leur.

LA THÉRAPIE FAMILIALE, SYSTÉMIQUE OU CONTEXTUELLE

La pratique des thérapies familiales est fondée sur l'idée qu'une personne présentée comme « malade », et que l'on appelle le « patient désigné », représente la partie la plus visible d'un dysfonctionnement de la communication dans le groupe dont elle fait partie.

Bien sûr, chacun de nous fait partie de plusieurs groupes, mais on choisit généralement de travailler avec le groupe familial, dans lequel se produisent les communications les plus fortes sur le plan des enjeux émotionnels, affectifs et vitaux.

On va donc chercher à comprendre le « pour quoi ? » du symptôme dans le service que celui-ci rend à l'équilibre familial : Quelle catastrophe – désunion, perte, honte – menacerait la famille si ce symptôme s'effaçait ? Quelle allégeance amène le patient à sacrifier sa santé ou son avenir ? Qui, ou quel fonctionnement en place, est protégé par le fait que cette personne soit malade ?

Dans la plupart des cas, ce « pour quoi ? » ne peut fonctionner que s'il n'est pas révélé : le dire, le commenter positivement et l'admirer provoque un choc émotionnel, une désorganisation du mode de communication en place et une nécessité de trouver une autre organisation, qui, on peut l'espérer, n'aura plus besoin d'un malade.

C'est pourquoi l'amélioration de l'enfant passe par une coopération avec les parents, dans un réel respect de ce qu'ils sont et de ce qu'ils ont déjà accompli et réussi avec leur enfant, ainsi que du lien affectif et éducatif qu'ils ont avec lui. Quand on leur dit de manière convaincante que ce sont d'abord eux qui apportent à l'enfant ce qui lui est indispensable et qui le font grandir et apprendre, alors seulement on peut proposer de les « aider à aider leur enfant ». Ils sont généralement sensibles à cette démarche qui respecte leur place de parents.

L'enfant en difficulté à l'école

Quand un enfant est en difficulté dans sa famille, le sens commun a fait passer la culpabilité de l'enfant aux parents. Quand l'enfant est en difficulté à l'école, le même mouvement ne s'est pas fait de l'enfant à l'enseignant. Quelques enseignants ont encore du mal à se dire : « Je suis en difficulté avec tel enfant, je n'arrive pas à comprendre ce qu'il cherche à me communiquer. » Ils continuent à dire : « L'enfant va mal », et ils convoquent les parents pour leur en faire reproche, ou pour leur conseiller de mener l'enfant en consultation. Qui va orienter les enseignants vers la prise en compte du « pour quoi ? » de l'enfant dans sa relation avec eux ? Qui va les aider à se demander ce qu'un enfant cherche à leur communiquer, à leur montrer et à obtenir d'eux ? Cela permettrait souvent de traiter le problème là où il est, plutôt que d'envoyer l'enfant se faire soigner, et d'éviter ainsi qu'il se sente « malade ».

Réussir, c'est trahir

On croit facilement que tous les jeunes sont fortement incités à être de bons élèves. Or, c'est loin d'être toujours le cas. Des parents de milieux socio-culturels modestes peuvent redouter, plus ou moins consciemment, la réussite scolaire et sociale de leurs enfants, car celle-ci pourrait les amener à rompre avec leur milieu familial, voire à avoir honte de leurs parents. Dans *La Honte,* Annie Ernaux (Gallinard, 1997) a bien décrit le décalage qu'elle a vécu, étant fillette, entre les pratiques et les valeurs de sa famille et celles de l'école privée où ses parents l'avaient inscrite pour sa bonne éducation. Cette préoccupation des parents s'exprimait plus facilement autrefois, par exemple lorsque des agriculteurs disaient ouvertement : « Si on les laisse trop longtemps à l'école, ils ne veulent plus revenir à la ferme », ou lorsque des ouvriers déclaraient à leur fils :

« Tu prendras la musette comme ton père. » Ce langage a le mérite d'être franc. Même si l'enfant en souffre, il peut se construire par rapport à lui. J'ai ainsi eu l'occasion d'entendre une lycéenne, en bonne réussite scolaire, m'expliquer qu'elle avait pris en toute connaissance de cause la décision de ne pas prolonger ses études au-delà du bac, pour ne pas se couper de son milieu familial. Actuellement, le discours social, dans tous les milieux, clame très fort que les études permettent de ne pas être au chômage, qu'aucune transmission de ferme ou d'entreprise n'est assurée, qu'il faut donc réussir à l'école. Le problème est que l'appréhension est toujours présente, mais comme elle est contraire à la pression sociale, elle ne s'exprime plus explicitement. C'est ainsi que des enfants, et je pense en particulier aux petits Maghrébins, se retrouvent aux prises avec un double langage : explicitement, les parents demandent aux enfants de bien travailler à l'école, mais à un autre niveau de communication, les enfants sont la cible d'un message implicite : « Si tu réussis, tu trahis ta culture et tes origines. » Ces deux messages coexistent sur deux modes différents : l'un est un message verbal explicite, l'autre est transmis par toutes sortes de micro-comportements ou d'allusions peu claires. Si la contradiction était patente, l'enfant pourrait se situer, choisir, ou répondre à ses parents : « Faites un choix une fois pour toutes et dites-moi ce que vous voulez vraiment. » Mais la contradiction entre un langage verbal et des messages non verbaux diffus est d'une nature telle que l'enfant ne pourra la repérer, encore moins la commenter : quoi qu'il fasse, il sera coupable de négliger l'une des aspirations de ses parents. Il est alors fréquent que cette contradiction insoluble passe à l'intérieur de l'enfant et que la seule solution qu'il trouve soit l'inadaptation scolaire et les troubles du comportement. Ainsi, il ne désobéit à aucune des injonctions parentales : il n'y arrive pas, il va mal, il est un « enfant difficile ».

Le bon élève est un « fayot »

Il n'est pas rare que ce discours de refus d'intégration, de risque de trahison de sa classe et de sa culture, soit très fortement présent, et beaucoup plus explicitement, dans la communication des enfants entre eux. Les enseignants savent que dans certains quartiers, un élève curieux en classe, qui pose des questions, apprend bien, est désigné par les autres comme un traître et un « fayot », pour ne pas employer d'autres termes plus crûment injurieux. Il peut être ainsi privé du principal facteur de réussite scolaire : le plaisir. On ne s'étonnera pas alors qu'il fasse le choix de plaire à ses camarades.

Pour que l'enfant puisse changer

Pour aider un enfant à dépasser tout ce avec quoi il s'empêche de grandir et de réussir, la première chose à faire est de l'aider à exprimer son « pour quoi ? ». Nous l'avons vu, il n'est pas rare que cela suffise :
– parce que l'enfant, comprenant que son message est entendu et respecté, n'aura plus besoin de faire « toujours plus de la même chose » dans un effort désespéré, mais obstiné, pour obtenir ce qu'il veut ;
– parce que le recadrage est donné devant les parents, qui eux aussi, grâce à cette nouvelle compréhension, vont recevoir autrement les messages de leur enfant et remplacer « plus de la même chose qui ne marche pas » par des comportements en adéquation avec ce qu'il auront compris.

Il reste bien sûr que de nombreuses situations ne se rétablissent pas d'un simple recadrage, ni même de plusieurs :
– certains enfants ont des défaillances spécifiques, qui relèvent d'une prise en charge spécialisée : rééducation, psychomotricité, orthophonie…
– d'autres ont en eux inscrites des perturbations profondes et anciennes qui demanderont une longue prise en charge thérapeutique.
Disons-nous cependant que si les recadrages ne résolvent pas tout, aucune situation ne dispense de recadrage.

Conclusion : Et maintenant

« S'il y a quelque chose de vrai dans ce que je dis,
il se trouvera que les poètes en auront déjà parlé. »

D. Winnicott, *Fear of Breakdown.*

Nous avons exploré les horizons que nous ouvre le modèle du « pour quoi ? ». J'ai bien sûr utilisé les exemples et les enseignements venus de ma pratique, mais d'autres pratiques, que je n'ai pu qu'effleurer, pourraient apporter exemples et enseignements.

J'invite donc chaque lecteur à créer, à partir de cette philosophie, une pensée et une pratique propres à sa spécialité. Je pense en particulier :

– aux travailleurs sociaux qui pourront aborder sur ce mode les motivations de ceux qui leur résistent (asociaux, révoltés, gens qui refusent l'entrée dans le système établi, ou qui mettent celui-ci à leur service d'une manière qui leur est propre). Il me semble aussi que les notions de circularité et de « encore plus de la même chose » peuvent amener des manières de penser très intéressantes et fructueuses dans les situations d'acharnement où se trouvent beaucoup d'intervenants sociaux, acharnement à faire « encore plus » ce qui finalement entretient le problème. Par exemple, les aides qui ajoutent à la dépendance au lieu de favoriser le cheminement vers l'autonomie ; ou les contrôles qui induisent « encore plus » de passivité, d'irresponsabilité, donc « encore plus » de contrôle puisque ces gens sont décidément incapables de gérer leur propre vie.

– à tous ceux qui sont confrontés aux cycles délinquance-répression ;

– aux politiques et aux diplomates, qui se demanderont quelles escalades ils risquent d'entretenir en continuant à « lutter contre » au lieu de chercher à entendre les « pour quoi ? ». Quels cycles de guerres et de violences ils pourraient interrompre s'ils se rappelaient que le but finalement intéressant pour chacun n'est pas de gagner la guerre par écrasement provisoire du plus faible par le plus fort du moment, mais de faire la paix dans le maximun de respect du « pour quoi ? » de chaque partie ; qui voudront bien entendre que les plus cruels terroristes ont des objectifs écoutables et respectables, même si les moyens qu'ils emploient ne peuvent être acceptés, et qu'on peut leur demander ce qu'ils veulent ; qui comprendront que les ennemis apparemment les plus irréductibles peuvent trouver un terrain d'entente s'ils décident de cesser de s'appesantir sur les causes (répétition des griefs du passé) et de s'occuper des buts, tels que : vivre et élever des enfants dans la sécurité et la prospérité...

– aux chefs d'entreprises et aux syndicalistes qui doivent se situer entre intérêts divergents et buts communs.

Il y a du pain sur bien des planches...

Bibliographie

ANCELIN-SCHUTZENBERGER Anne, *Vouloir guérir,* Toulouse, Érès, 1991.

BORSZORMENYI-NAGY Ivan, *Psychothérapies familiales : aspects théoriques et pratiques,* Paris, PUF, coll. « Psychiatrie ouverte », 1980.
Pour les notions de loyauté, de conflits de loyautés, de trahisons.

CAILLÉ Philippe, *Un et un font trois, le couple révélé à lui-même,* Paris, ESF, coll. « Sciences humaines appliquées », 1991.
L'abord et la thérapie du couple.

CAYROL Alain, DE SAINT-PAUL Josiane, *Derrière la magie : la programmation neuro-linguistique,* Paris, InterÉditions, 1984.
Livre pionnier pour l'introduction de la PNL en France, un manuel simple et concret.

DILTS Robert, HALLBORN Tim, SMITH Suzy, *Croyances et Santé,* Paris, Desclée de Brouwer / La Méridienne, 1994.
Pour aborder les manifestations du corps sous l'angle psychothérapeutique.

DOLTO Françoise, *La cause des enfants,* Paris, Pocket, 1995.

ESSER Monique, *La PNL en perspective,* Bruxelles, Labor, coll. « Communication 2000 », 1993.
Étude approfondie sur le plan théorique, en particulier quant aux liens entre la PNL et d'autres courants de pensée philosophiques et psychologiques.

FISCH Richard, WEAKLAND John, SEGAL Lynn, *Tactiques du changement : thérapie et temps court,* Paris, Le Seuil, 1986.
L'intervention systémique dans toute sa finesse.

GODIN Jean, *La Nouvelle Hypnose, vocabulaire, principes et méthodes : introduction à l'hypnothérapie éricksonienne,* Paris, Albin Michel, 1992.
Un ouvrage clair et concret sur l'apport de Milton Erickson à la psychothérapie.

HALEY Jay, *Stratégies de la psychothérapie,* Toulouse, Érès, coll. « Relations », 1993.
Un des fondateurs des thérapies modernes.

KLEIN Melanie, *L'Amour et la Haine,* Paris, Payot, coll. « Petite bibliothèque », 1989.

MALAREWICZ Jacques-Antoine, *Cours d'hypnose clinique : études éricksoniennes,* Paris, ESF, coll. « Sciences humaines appliquées », 1990.
L'exploit de faire une pédagogie claire à propos de la pensée profuse et complexe de Milton Erickson, de faire comprendre sa pratique éblouissante et souvent difficile à saisir.

MALAREWICZ J.-A. et Godin J., *De l'hypnose clinique à la psychothérapie stratégique,* Paris, ESF, 1999.

MARC Edmond, PICARD Dominique, *L'École de Palo Alto,* Paris, Retz, 1991.
L'exploit de faire une pédagogie claire à propos de la pensée et de la pratique systémique.

ROUSTANG François, *L'Influence,* Paris, Minuit, coll. « Critique », 1990.

ROUSTANG François, *Qu'est-ce que l'hypnose ?,* Paris, Minuit, coll. « Critique », 1994.
Quand un psychanalyste se met à penser sur l'hypnose.

SELVINI Mara, *Paradoxe et contre-paradoxe,* Paris, ESF, 1978.
L'une des équipes de thérapeutes familiaux la plus brillante et la plus productive d'Europe.

SELVINI Matteo, *M. Selvini Palazzoli, histoire d'une recherche,* Paris, ESF, 1987.

Simonton Carl, *Guérir envers et contre tout*, Paris, Desclée de Brouwer, 1982.

VERMERSCH Pierre, *L'Entretien d'explicitation en formation initiale et continue,* Paris, ESF, coll. « Pédagogies », 1994.
Le questionnement sensoriel appliqué à l'apprentissage et à la pédagogie.

VERMERSCH Pierre, MAUREL Maryse, *Pratiques de l'entretien d'explicitation,* Paris, ESF, coll. « Pédagogies », 1997.
Les auteurs détaillent et approfondissent le premier livre de Pierre Vermersch.

WATZLAWICK Paul, HELMICK J., JACKSON Daniel, *Une Logique de la communication,* Paris, Le Seuil, coll. « Points »; Essais, 1972.

WATZLAWICK Paul, WEAKLAND John, FISCH Richard, *Changements : paradoxes et psychothérapie,* Paris, Le Seuil, coll. « Points »; Essais, 1981.

WATZLAWICK Paul, *Le Langage du changement,* Paris, Le Seuil, coll. « Points »; Essais, 1986.

WATZLAWICK Paul, NARDONE Giorgio, *L'Art du changement,* Paris, L'Esprit du Temps, coll. « Psychologie », 1993.

Index des encadrés

Composition et mise en page : AGD Dreux
Achevé d'imprimer en avril 2000
sur les presses de l'imprimerie Campin 2000 à Tournai (Belgique)
N° de projet : 10074297-(I)-4-BSBM 80°
N° d'éditeur : 1023
Dépôt légal : mai 2000